후회해도 괜찮아

시와실천 실천총서 026

후회해도 괜찮아

시와실천 실천총서 26

초판 1쇄 발행 | 2020년 2월 5일

지 은 이 | 장경업
펴 낸 이 | 장한라
엮 은 이 | 이어산
펴 낸 곳 | 시와 실천
등록번호 | 제2018-000042호
등록일자 | 2018년 11월 27일
편 집 실 | 서울시 종로구 율곡로 6길 36 (계간 시와편견)
전 화 | 02) 766-4580, 010-3945-2245
제 주 | 63248 제주특별자치도 제주시 인다11길 28, 1층
전 화 | 064) 752-8727, 010-4549-8727
전자우편 | 11poem88@hanmail.net
인 쇄 | (주)보진재(파주출판단지 내)

ISBN 979-11-90137-22-5 03810

값 10,000원

* 이 도서의 국립중앙도서관 출판예정도서목록(CIP)은 서지정보유통지원시스템 홈페이지(http://seoji.nl.go.kr)와 국가자료종합목록 구축시스템(http://kolis-net.nl.go.kr)에서 이용하실 수 있습니다. (CIP제어번호 : CIP2020002913)

후회해도 괜찮아

장경업 시와 수필

■ 시인의 말

제주에서 40년, 세상에 태어나서 70년 – 화살의 속도로 날아가 버린 세월 – 그러나, 참으로 긴 세월입니다.
이 세월의 흔적을 남기고 싶은 욕심일 수도 있겠습니다.
또, 살아있는 존재의 의미를 우주 공간에 떠 있는 한 줌 획으로 표현하고자 하는 열망일 수도 있겠습니다.
남아있는 나의 여분의 시간 속에, 지나간 70년의 세월을 바칩니다. 후회되는 일, 지혜롭지 못 한 일 많았지만 –, 그래도 괜찮아, 위로하면서…

2020년 봄, 장경업

■ 차 례

1부 빵 냄새는 구수한 황금 언어

2부 강아지는 햇빛이다

3부 새벽 바닷가에서

_살아온 날들의 이야기

1부

빵 냄새는 구수한 황금 언어

불면

어둠 속에서 몸뚱이 하나 담을 잠
없어 엎치락뒤치락 거리다
오른쪽 왼쪽 엎어졌다 다시
반듯이 누웠다. 잠!

삼백 육십도 몸뚱이
공중 굴리기 하다가
발딱 일어난 불면!
손 끝 스위치에서 빛이 화악
시간을 불러온다
어둠이 사닥다리에서 떨어진다. 금방

빛은 정사각형 시간 속에서 멈춘다
십자가 밑에 걸린 시계 속에서 초침이
운명처럼 돌고 있다
누가 저기에 어둠보다 질긴 십자가를
걸어 두었던가

새벽은 아직 먼가

쑥차

유리병 안에서
오 년의 기다림을 안고
누워있다 벌꿀과 함께
오 년 전 남편이 해안가
약쑥이라고 한 움큼 뜯어 와
비밀처럼 밀봉해 두었다
지나가던 남자가
바다를 쳐다보며 방뇨하던 그곳에서

남자의 오장육부에서 배설한
통곡이 거기에
움츠리고 있었다

티스푼이 통곡을 삽질하여
국화꽃이 피어있는
찻잔 속으로 건져 올린다
모처럼 얻어낸 자유
쑥이 웃는다

국화도 탐스럽게 웃는다
내 코의 후각이
날라 가는 그리움을 붙잡아 흠미한다

그리움은 쑥이었을까
국화일까
통곡일까
아님, 내 안에 움츠리고 있었던
분노일 수도 있겠다 세월은
그 모두를 향기롭게 한다. 외로운
영혼처럼

나는 그냥, 하얗게 웃으며
쑥차를 한 모금 입에 물고
병아리처럼 하늘 쳐다보며
도리질을 하고 싶었을 뿐이다

가을

찻잔 귀퉁이에
가을이 들어와 있다
한 잎 단풍으로

나는 말없이
가을을 들여다보다가
뜨거운 물을 부어
단풍을 마신다

그리움이 뜨겁게
목구멍으로
가슴으로
폐 속으로 훑고 지나간다

억겁의 세월 속에
할 말은 많은데
백치의 침묵으로
반란의 혁명을 하고 싶은

나의 슬픈 가을

침묵 속에
또아리를 틀고 앉아있는
하얀 단풍

노을은 바다 위에서
가을을 태운다

돌 방석

해안도로 쉼터에
돌방석 하나 있습니다

배낭 메고 지나는 올레꾼들이
지친 몸을 쉬어가는 곳입니다

바다 끝에서
아름다운 석양을 선물할 때는
젊은 신혼부부가
볼을 맞대고 앉아서
함께 가야 할 여정을
꿈꾸는 곳입니다

먹구름이 태양을 가리고
바람이 비를 몰아올 때는
갑자기 출현한 돌고래 떼가
어찌할 바 모르는
돌 방석을 놀려대며

쇼를 하고 지나갑니다

때마침 지나는 여행객이
그곳에 앉아 빠알간 노을 향하여
카메라를 들이대는 곳입니다

가끔은
우리 부부가
악 받쳐 쌈박질하다가
열 받은 남편이
그곳에 앉아
담배 한 대 피우는 곳입니다

에쿠스

얼마 전에 늙은 에쿠스를 뽑았습니다
바다 위에 둥실 떠 있는 우리 집 마당에서
10년 동안 나를 태우고 다니던 자동차가
해수에 견디지 못하고
너덜너덜 해졌기 때문입니다

차 박사가 와서 보고
이 집 마당에서는 국산차 중에서
에쿠스 밖에는 견딜 차가 없다고 충고를 합니다
궁리 끝에 에쿠스를 사기로 작정하고
늙은 에쿠스 중에서
제일 매끈하고 잘 생긴 놈으로 골라 왔습니다
이유는 새 차 값이 우리 집 경제 능력을 초월했기 때문입니다

사람들이 감탄을 합니다
부러움의 감탄
시기 질투의 감탄

아니꼬운 감탄
핀잔의 감탄
돈 많이 벌어서 좋겠다고 배알 꼬인 감탄
눈 흘기면서 외면하는 감탄
에쿠스 때문에 사람 구경 참 많이 합니다

엊그제 늙은 에쿠스가 아파서
병원 입원비로 소형차 한 대 값이 지출되었습니다
남편과 상의 끝에 집을 팔기로 하였습니다
집이 팔리면
20년 전 소형 티코를 사고 싶습니다

꽁지 빠진 수탉처럼
나를 모시고 쌕쌕 달려주는
티코가 그립습니다
아무래도 집 팔아먹는 에쿠스보다야
낫지 않겠습니까

왜일까

아침에
까치 한 마리 찾아와서 인사를 한다
오 년 생 향나무 위에서
까치에게 미소를 보내면
앞바다에 파도가
하얀 드레스를 우아하게 펼치며 춤을 춘다
손을 내밀어
사랑한다고 말하자
잽싸게 도망을 간다
까치를 따라 참새 떼가 날렵하게 뒤를 따른다
구경나온 꿩 가족이 총총 걸음으로 걷더니
이내 참새 떼의 뒤를 따라 푸드덕 날아가 버린다
지나가던 들 고양이가
눈동자를 왕방울처럼 굴리더니
한 손 들어 보이며 검은 바위 뒤로 숨어 버린다
왜일까
사랑하고 싶어서 손을 내밀었던 것
그것뿐이었는데

모두가 나를 떠나 버린 것은
미소 때문일까
사랑하고 싶어서 내밀었던 가엾은 손 때문일까
먼 바다 끝에서 밀려오는 외로움은
허전한 가슴을 후벼 파는데
갑자기 출몰한 돌고래 떼가
너처럼 미련한 놈은 처음 봤다고
쇼를 하며 지나간다
외로움을 한 입 가득 물고
한 숨 토하면
돌고래 한 마리 물을 차고 튀어 올라
우아한 자태를 뽐내며
나의 한숨을 거두어 간다

황금 붕어빵

오후 네 시의 시계탑 시장 통은
황금 붕어의 활동무대다
빨간 앞치마에 황금 붕어가
꼬리를 숨기고 있다

털목도리를 하고
아장거리며 엄마 손을 잡고 나온
아가의 손에
붕어가 꼬리를 잡혀있다

긴 시장 골목에서 빠져나온
분주한 인파 속에도 붕어가
황금 냄새를 뿌리고 있다
흩뿌리는 눈발 속에도
황금 붕어는 모든 이들의
향수다

빵 냄새는 구수한
황금 언어이다
우리 모두의 배고픈 추억이다

한복 두루마기

몇 년을 묵혀 두었든가
옷장 방구석에
잘 걸어 두었던 한복 두루마리가
햇빛을 받아 색깔이 변해 있었다
꽤 비싼 값을 치르고 딱
한번밖에 입지 않은 옷인데
아까워서 수선 집에 맡겼더니
옷 한 벌 값을 더 치르고 나서야
겨우 봉합을 하였다
원래 모양새는 이미 사라진 채로
거듭 태어난 옷은
보기 흉한 누더기 옷이 되어버렸다
나는 그 옷에 가끔 향수를 뿌려 놓는다
수선 후에 한 번도 입어보지 못한
그 옷은 오늘도 옷장 방 한 귀퉁이에서
향기를 뿜고 있다

시어들이 향기처럼 옷 사이사이를
누비고 있었다

천상의 연주

바다는 말하지 않는다
광대한 생명수처럼
밀려왔다 밀려가는 수많은
합주곡의 비밀은
지친 좀녀의 휘파람 소리

노을을 머금은 바다 끝에서
오케스트라의 아름다운 연주가 들려온다
피아노 소리, 바이올린, 첼로, 섹스폰
기타소리, 피리소리
알 수 없는 무채색의 발성음으로 부르는
환상의 산타마리아

나의 비너스
아름다운 선율 위에서
갈매기가 너울거리며 춤추고
하얀 파도가 바위에 부서지며
멋진 트위스트를 춘다

〈

검은 고양이가 나비넥타이를 하고
귀를 쫑긋거리며 관객이 되어 박수를 보낸다
무대는 넓고
연주는 끝나지 않았다
바다는 말하지 않는다
모든 것은 스쳐 지나갈 뿐

어떤 것도 진리가 될 수 없음으로
무저갱 보다 깊은 가슴에
그냥 안고 가겠노라고
천상의 화음으로
너를 위로할 뿐
오늘밤도 광음이 별빛에 흐른다

봉순이의 하루

아침 6시
아래층 치매 할머니가
봉순이의 잠을 깨운다
눈을 비비고 뛰어 내려가
기저귀를 갈아주고
대야에 물을 떠다가
엎치락뒤치락 궁둥이를 닦아주고
머리도 곱게 감아 빗겨준다
할머니는 끊임없이 무언가를 먹어대느라
입을 오물거린다
어제 했던 말을 녹음기처럼
또 중얼대면서
봉순이가 살고 있는 이 아파트에만
치매노인 세 분을
아침 출근 전에 돌아보아야만 하는
요양보호사 봉순이의 하루는 숨 막히게 바쁘다
모닝차를 끌고 골목길을 빠져나오면
쉴 새 없이 걸려오는 자식 분들의 전화

효도는 전화로 다 하는가
봉순이가 받쳐 든 노인들의 안식이
봉순이의 코앞에서 헉헉 거린다

저승길은 얼마나 먼가

12월에

예순 일곱 해의 세월을 달려와
또, 열두 번째 계단위에서
뒤를 돌아봅니다
한 계단 한 계단
가슴 저미도록 후회되는 일 많지만
아픔 속에서 보석처럼 빛나는
고마운 인연 있습니다

가시 속에 숨겨진
장미꽃을 보지 못해서
아쉽게 놓쳐버린 인연도 있습니다

나의 잣대로 다른 사람을 평가하느라
너무나 소중한 시간을 허비 하였습니다

마음 닫아버렸던 소중한 인연들
빨강 장미 그려진 용서카드 한 장
보내고 싶은 12월

춥고 아픈 한세월의 정상에서
겸허히 나의 잘못과 부족함에
고개를 숙입니다

또 내 앞에 다가온
새로운 날들을 살아가겠지요
내게 주어진 세월의 계단을
성큼 건너가면서 지난날의 같은 잘못을
되풀이 하지 않도록 기도 합니다

사랑하는 삶이 나의 행복이 되기를
먼저 손 내밀고 다가가겠습니다

내가 누구를 대하든
그 사람에게 꼭 필요한 존재가 되기를
먼저 웃고
먼저 사랑하고
먼저 감사하겠습니다

새 달력을 준비하며
살아가야 할 나의 시간에
겸허한 마음으로 입맞춤을 하렵니다

스마트 폰

딸꾹! 딸꾹!
회의 시간에
여기저기에서 딸꾹질하는 것은
스마트 폰이다

얼마 전 묵은 핸드폰을
스마트 폰으로 바꿔 왔다가
저장된 연락처를 찾지 못해서
진땀을 뽑다가 결국 샵을 찾아가서
손때 묻은 핸드폰을 다시 찾아왔다

가는 곳마다 스마트 폰은
온 지구를 날아다니는데
난 왜 이리 삐삐 생각이 나는 걸까
나의 머릿속에 저장되어 있는 것도
스마트 폰이 모두 빼앗아 갔다
이젠 기억이 나지 않는다. 아무것도

오늘 나는 어린 조카와
또 스마트폰 샵을 찾아갔다
샵에는 강아지 한 마리가
머리에 예쁜 리본을 달고
비보가 되어가는 인간들을
구경하고 있다

고개를 갸우뚱 하면서

외줄타기

빛이 있다고 하기에
끝이 보이지 않는 줄을 잡았네

죄악의 숲을 지나
그 빛 속으로
번민의 숲을 지나
더 높게
오열의 숲을 지나
존귀한 그 무엇이
하늘을 향하여 나를 이끌어 주네

멀리서 들려오는 종소리
북소리일까
잠자는 의식을 깨우는 소리 있어
눈을 뜨고 하늘을 보네
빛은 보이지 않네

아우성 소리

울부짖는 소리
포효하는 짐승의 소리
하늘을 향하여 더 높게
외줄 타기를 하였네

하늘과 땅 사이에 매달려 있는
피상의 생명체
방황하는 영혼
악마의 계교
빛은 보이지 않네

숭어

세상에 그 무엇이
그를 그렇게 열 받게 했을까
심장이 방방 뛰니
물 위를 수 없이 뛰어오른다

뛰어오르다 지쳐
낚싯대에 걸리니
열 받은 놈
사력을 다해 저항을 하다가
점점 죽어가는구나

당신,
올 때는 남은 지렁이 바다에 다
던져버리고 와
또 숭어도 잡아오지 말고
잡히거든 그것도 바다에 놔주고 와

남편이 낚싯대를 메고 또

바다에 갔다

숭어가 열 받아
물 위를 더 힘차게 튀어 올라
혀를 날름기리며
한번 해보자고 덤빈다
동지들을 규합하여
데모 군중을 이끌고

남편이 숭어 떼를 향하여
힘차게 낚싯대를 던진다
이게 웬 횡재냐
낚시에 걸린 숭어 한 마리
공중에서 발버둥 친다
숭어에게 한 마디

지나간 인연은 묻지 마

오후 풍경

TV는 혼자 시끄럽게 떠들어대고
남자는 컴퓨터 바둑판에
코를 박고 있다
칼을 들이대도 떨어지지 않을
강력 접착제로
귀를 틀어막고
입도 막아 버렸다
밥은 먹었어?
집에 누구 왔다 간 사람 없어?
전화는?
여자는 혼자 바쁘게 중얼거리다
제 스스로 지친다
"남자가 말이야!"
울화통이 터져서 꽥!
있는 힘을 다 쏟아낸다
하고 싶은 말들을 그 한마디에 함축시켜
기운을 짜보지만
후련하지 않다

아직 남자의 입과 귀에
접착제가 떨어지지 않았다
궁둥이에 더 질긴 접착제 하나 더

오후의 느슨한 햇살이
서쪽으로 기울고 있다

재떨이

밥그릇 귀퉁이 깨진 것
뚝배기 사발 금 간 것
막걸리 양푼 대접
이것은 우리 집 재떨이 이름들이다

작년에 꽁초가 쌓이는 재떨이 때문에
남편과 와당탕 싸운 후에
오일장에서
조그만 꽃나무를 사 와서 심어 버렸다
남편은 조금도 불편해하지 않고
화분 위에 그대로 꽁초를 비벼 껐다
꽁초들이 쌓여서 화분의 어린 꽃을
다 먹어 버렸을 때
나는 화분을 전부 창밖으로 내던져 버렸다

남편의 손에 든 담배꽁초가
부르르 떨면서 울고 있다
성난 꽁초는 남편의 손가락을 탁 털고 나가

창밖으로 도망을 친다
꽁초가 도리질을 하며 울부짖는다

당신이 정답을 알아?

화분 속의 잡풀

어느 날 아침
이름도 모르는 잡풀 하나
화분 속에 탐스러운 소국 잔뿌리를 걷어차고
상긋 올라와 있다

잡풀을 뽑아 버리겠다고
손을 대다가
튼실한 허리 살에 놀라
잠시 주춤하다가
그냥 두기로 맘먹었다

잡풀은 날로 튼튼하게 자라서
옆에서 예쁘게 자란 소국도 다 죽이고
혼자 힘자랑을 하며
화분 속에서 대장 노릇을 한다

어느 날엔가
소국은 전부 메말라 비틀어지고

잡풀만 왕성하게 자라서
화분을 독차지하고 말았다
지가 원래 주인 마냥

빈수레

아침엔 까치가
떠오르는 해를 밀어 올리며
목청을 세워 울어대고
바위 속에 잠자던 갈매기가
깃털을 세우며 비행 준비를 한다

작열하는 태양이
정오를 넘어
생존의 벽을 허물고
이내 들려오는
농부의 트랙터 소리
줌녀의 숨비 소리
먹이를 찾아 떠나는
고래 떼의 행진 나팔소리
머리를 풀어헤치고 몸부림치는
갈대의 우짖는 소리
타는 저녁놀을 만들기 위해
용트림은 또 그렇게 요란했나 보다

〈

환상의 마녀가
정열의 채찍을 휘두르며
바다의 서쪽으로 향하고
그리움은
딸랑거리는 빈 수레를 끌고
빠알간 지붕이 있는 고향집으로 돌아간다

노을을 삼켜버린 잔인한 바다가
어둠의 무게로
정적을 휘몰고 들어와
나의 바쁜 일상을 거두어 가고
추억은 나래 접어
바다에 눕는다

수업 풍경

조각처럼 잘 생긴 수학 선생님이
미스코리아 출신 부인 자랑을 할 때
선생님이 등 돌리고 칠판에
어려운 수학문제를 풀고 있을 때
책상 아래 숨겨둔 토스토에프스키의 소설을 읽을 때
도시락 뚜껑을 열고
계란 프라이를 건져 먹을 때
삼국지 만화를 펼쳐 놓고
키득키득 웃고 있을 때
뒷줄에 앉은 남학생이
가냘프게 묶은 내 뒷머리를 잡아당길 때
뒤돌아서서 남학생의 얼굴을
주먹으로 강타했을 때
코피 터진 남학생의 얼굴을 쳐다보고
겁에 질려 와앙 울어 버렸을 때
그때
선생님의 하얀 백묵이
화살 같은 속도로

이마에 꽂혀들었다

노란 하늘이 이마를 덮는다

사랑이었을 거야

밥 먹었어?
아니, 안 먹었어요
그럼 지금 올래?
비빔밥 잘 하는 데를 내가 알거든
지금?
응, 지금 바로 와.
기다릴게
그럼, 오빠가 공항에 나와야 해

챙기느라고 한 시간
제주 공항 이동 한 시간
비행기에서 한 시간

우리는 김포공항에서 만나서
비빔밥 식당까지 한 시간을 갔다
배 속에서 꼬르륵 소리를 들으며

오빠는 밥을 비벼서 나에게 내밀어 주었고

나는 배고픈 어린애처럼 먹었다
마지막 밤 비행기를 태워 배웅해 주며
오빠는 쓸쓸하게 웃었다

어려운 일 있으면 언제든 전화해라
나는 그냥 웃었다

아리한 기억 속에
안개처럼 남아있는 그것은
사랑이었을 거야

파도소리

파도소리가 달빛을 타고 들어와
백지의 가슴에 시를 쓴다
눈에 보이는 것은 하얀 심장일 뿐
파도소리 들어와 자세히 살펴보니
수많은 상처 피멍 자국
지워지지 않는 검은 추억들이 글씨가 되어
심장의 빈 구석을 채워 나간다

지나간 시간들이 문을 열고 들어와
그것들을 찾아서 떠난다
가슴에서 시가 되어 나가는 것은
파도소리에 묻힐 뿐
딸랑거리며 새어 나가는 것은
몽유병자의 기억이었던가

심장은 다시 백지였다
파도소리가 그렇게 했을 뿐이다
달빛이 오는 곳은 파도소리였다

밤은 나의 심장처럼 깊었다

2부

강아지는 하나의 햇빛이다

퐁나무

송악산 입구에 한 아름드리가 넘는 연령 미상의
퐁나무 한 그루 서 있는 헌 집을 샀다.
나무가 너무 크고 뿌리가 깊어서
뽑을 수가 없어서 베어내기로 했다.
나무 베는 사람을 데려와 보였더니 이 나무는 수백 년 묵은 나무라 혼이
깃들어 있어서 함부로 베어내지 못한다고 하여, 날을 받아서 제를 올려
나무의 혼을 달래 준 다음에 베어내자고 한다.
나는 그럴 수가 없어서
그냥 두기로 하였다.
육중한 나무에 등을 기대고 앉아 나무의 혼과 이야기를 나눈다.
나무는 뽑아 낼 수 없는 나의 고독이었다.

그 후로 나는 그 집을 팔아 버렸다.

영시零時의 기도

님이시여!
나로 하여금 배부른 자가 되지 않게 하소서
가슴 한자리 비워두고
당신이 주는 샘물을 마시게 하소서
귓가에 스치는 여린 바람에
힘없이 떨어지는 낙엽을 바라보며
슬퍼하게 하소서
하늘이 기분 좋은 날엔
정열의 노을로 볼연지를 바르고
갈급한 영혼의 목마름으로
당신을 그리워하게 하소서

님이시여!
나로 하여금 시간이 정체된 이곳에 머무르지 않게 하소서
이미 있었던 것들에 매이지 않게 하시고
저 끝없는 고독을 향하여
그토록 새롭게 명상하게 하소서
온갖 사소한 충동과

강제와 욕구로부터 자유롭게 하소서

님이시여!
나로 하여금 소망의 횃불을 끄지 않게 하소서
내 영혼을 칼에서 건지시며
내 생명을 대적의 뜻에 맡기지 마소서
오직 강하고 담대한 사자처럼
두 팔을 활짝 벌리고
삶의 한 복판을 행진하게 하소서

은쟁반에 금 사과를 올림 같이
지혜로 연단한 입술을 열게 하시고
독수리의 날개로 힘차게 오르게 하소서
그리하여 내 영혼의 빛이
하늘에 떠있는 무지개를 바라보게 하소서

밥그릇

찬장 진열장에 양푼 밥그릇 하나
35년 세월 겹겹이 쌓인 한을 두르고
주름진 얼굴에 침묵이 흐른다

제주에 와서 처음
흙 부엌이 딸린
단칸셋방을 얻어 놓고는
남편 친구의 그릇가게에서
외상으로 사다 놓은 식기구 중에서
유일하게 찌그러진 모양새로
긴 세월 의리를 지키고
뜬금스럽게 앉아 있다

한때는 양푼 밥그릇을 채워줄
양식이 없어서 3일 동안은
물만 잔뜩 담아 벌컥거리며 마셔댔다

한때는 우리 부부가

악 받쳐 쌈박질하다가
마당으로 곤두박질치기도 하였다

새집으로 이사를 하던 날은
헌 집 세간살이와 함께
쓰레기통에 처박혀 있는 것을
묵은 정을 생각하여
다시 건져 오기를 수차례

반질거리는 새 그릇 속에서
섬 토박이 똥고집으로
뚝심 있게 버티고 앉아
텃세를 부리고 있다

한낮이 지난 나른한 오후에
남편이 막걸리 한 사발 넘치게 부어주니
주름진 얼굴이 벵삭이 웃는다

엄마에게

가을바람 불어와
추석 보름달을 보기 전에
홀연히 떠나 버린 엄마야

그렇게 바람처럼 가버리고 난 후
엄마의 마지막 고통을
함께하지 못한 분신들은 그냥
울지도 못했지

떠남을 붙잡지 못한 것은
흘러가기 때문 이었어 엄마야
우리가 붙잡을 수 있는 것은
아무것도 없고
그리움뿐인 것을

엄마야 달에 살자
동산에 올라가 엄마 얼굴 같은
보름달을 보며
그리움도 흘려보낸 것을

〈

오늘 밤은
달이 구름다리를 질주해서
나의 그리움 속으로
뛰어 들어온다

가슴이 저리다

침묵

가고 싶어서
어디론가 가야 할 것 같아서
사방을 둘러보고 서있네
날은 저물어 어두워지고 있는데
갈 곳이 없네
주저앉아서 다시 생각하다가
그래도 가야 할 것 같아서
무작정 발을 움직였네
발 위에 돌멩이 가득
큰 돌, 작은 돌
미운 돌, 불쌍한 돌, 사무치게 억울한 돌
그래서 복수하고 싶은 돌, 보상받고 싶은 돌
가장 큰 돌, 윤리의 카테고리에 콱 박아진 돌
한 발자국도 움직일 수가 없네.
아무도 붙잡는 사람 없는데
이 돌멩이들은 왜
여기에서 나를 무겁게 짓누르고 있을까
누구 없소?

이 돌멩이를 치워 줄 누구 없소?
혹여,
돌멩이 속에서 공중부양 시켜 줄 누구 없소?
날은 저물어 어두워지고 있는데
나는
어둠 속의 평화보다는
찬란한 빛 속의 고통을 선택하고 싶어
아! 내 빛, 내 사랑
내 심장 속에서 절규하는 고독

떠나고 싶다

바쁜 일상에 홀로 벗어나
아무도 없는 곳으로 훌쩍 떠나고 싶다

핸드폰도 놓아두고
남편도 놓아두고
복잡하고 사소한 생각들도
집에 놓아 둔 채로
목적지 없는 그곳으로 그냥 훌쩍 떠나고 싶다

걸어가다가
낯선 나그네를 만나면
그의 지친 눈 빛 마주보며
빵 한 조각 나눠먹고 싶다

쌈박질

나랑 쌈박질하다가
양푼 밥그릇 내 던지지 마

글구, 열 받으면
불쌍한 양푼 밥그릇 가져와서
막걸리 한 사발 듬뿍 부어 마셔보고

글구, 에맹한 각시를
육지에서 데려다 놓고
사흘 낮밤을 굶겨 놓은 채로
양푼 밥그릇에 물만 가득히 부어
벌컥대며 마셔대는 꼴 좀 기억해 보고

오늘은 양푼 밥그릇 열 받으니
부르르 떠는구나

허구

꿈속에서 산행을 하였네
기다렸던 정적이 온몸을 휘감고 들어와
평온 속으로 나를 이끌어 주네
무엇일까
나와 함께 있는 이것은
밑바닥 어디에선가 끈끈하게 올라오는 고독
풍선 하나 매달아 그 속에 담았네
삶이 견딜 수 없이 나를 괴롭히면
산속에 홀로 앉아 풍선 하나 띄웠네
고독일까
고독과 함께 있었던 공주병일까
허구일까
풍선은 점점 부풀어 올랐네
고독이 뼈 속으로 깊이 스며들 때마다
허구를 하나씩 매달아 더 높이 띄웠네
아름다움을 향한 간절한 열망일 수도 있겠지
아무것도 붙잡을 수 없었던 현실 속에서
나를 무너뜨리지 않고 지탱케 해 준 나의 풍선

지나가던 멧돼지가 웃어도 괜찮아
산 다람쥐가 목을 실룩거리며 비웃어도 괜찮아
난, 그렇게
아름다움을 향한 허구도 없으면 안 되니까
가시받길 굴러오면서
생채기만 있는 껍데기
시궁창에 던져 넣고 가고 싶지 않아
이 숲 속에서
코끝에 닿는 산소처럼
내 안에 산소 같은 그리움 있으니까
아름다움을 향한 몸부림으로
이 산소를 마시며
내가 아직 살아 있음으로
불꽃같은 나의 마지막 열망으로
허구의 실체를 그려내고 싶다

일방통행

서귀포 일호광장 로타리에서
주차할 곳을 찾다가
일방통행 좁은 골목을 꺾어 들었다
차를 세워 둘 곳을 찾지 못해 잠시
뒤를 돌아보니 가야할 목적지를 한참이나
벗어났다. 되돌아 갈 수도 없어서 긴 골목길을
겨우 빠져나와서 또 다른 일방통행 골목을 들어서서
목적지를 향해 가다가
큰 길을 빠져 나와서 보니 다시 광장 로터리가 나왔다
할 수 없이 집에 돌아가서 차를 세우고
목적지 까지 걷기로 마음먹었다
횡단보도를 세 개나 건너는 동안 앞사람과
어깨를 부딪쳐 욕설도 듣고, 등도 떠밀리고
핸드폰의 시계를 쳐다보면서 걷다 보니
1시간 20분 걸려서 목적지에 왔는데
모임은 끝나고 사람은 아무도 없는데
가로수 위에 눈썹달이 야속하게 흘겨보고 있다
인생은 빈 수레라고 누가 말 했던가

〈

오고 가는 길에
무슨 흔적이 있었던가

횃불 하나

눈뜨면
보고 싶은 것만 볼 수는 없을까.
이른 새벽에 눈을 뜨면
용궁의 밑바닥처럼 깊은
의식의 편린 속에서
아름다운 것만 골라서 기억하고 싶다.
무엇이란 말인가
꾸물거리며 올라오는 아픔은
내가 허락하지 않아도
후회와 분노와 억울함 같은 것으로
나를 자극한다.
기다려 봐.
난 너와 싸우지 않겠어.
내 살과 뼈를 후벼 파는 아픔이 있을지라도
그 편린의 밑바닥에서 붙잡을 수 있는
횃불 하나 있으면 난 괜찮아.
후회해도 괜찮아.
억울하고 서러워서 울어도 괜찮아.

분노가 치밀어 너를 용서할 수 없어도 괜찮아.
내가 살아 있음을 기뻐할 수 있는
그 횃불 하나 있으면
조용한 미소로 아침을 깨워주는
생명의 빛 하나 있으면
난 괜찮아

한라산 기도원

십자가 바라보다
졸음에 겨워
마루바닥 찬 기운을
온 몸으로 받으며
세상 짐을 다 짊어진 중죄인
잠이 들었다

예수님은 말이 없이
십자가 짐을 내려놓으라
웃으시는데
한라산 중턱
공동묘지 위에
어둠을 벗겨내는
새벽이 아프다

무얼까?
나를 에워싸고 있는
수상한 분위기는 내 영혼을

어둠처럼 잠식 시킨다
안식처가 없는 불쌍한 나의 영혼
피가 되어 아침을 연다

강아지는 햇빛이다

TV에 강아지가 나왔다
암 수 두 마리가 뽀뽀를 하며
열심히 열애 중이다
사랑이 깡마른 인간시장에
강아지는 뜨거운 감동이다

섬에 버려진 부모
21세기 치매 노인들의 수난시대에
강아지는 하나의 햇빛이다

아들을 향한 그리움이
노인의 뼈 속에서 아프게 울며
노인은 아들의 이름을 잊어 버렸노라

노인은 강아지에게
아들의 이름을 지어주고
탑동 앞바다에서
강아지를 품에 껴안고

눈보라가 휘몰아친
겨울과 함께 죽었다

나는 아들의 이름을 모르겠노라

백합꽃

텃밭에 백합 뿌리가 새끼를 쳐서
어린 백합 새싹이 겨울나기에
힘들 것 같아

겨울눈이 오기 전
어린 백합들을 화분에 옮겨 심고
나의 침실 햇볕이 들어오는 창가에
놓아두었다

백합이 햇볕을 먹고 점점 자라서
이제, 줄기 하나가
사슴의 슬픈 모가지를 하고
꺾일 듯, 꺾일 듯
봉오리 맺혀서 고개를 가누지 못하고

어찌 저리도 미련하게
하늘만 치달아 보고 올라갔을까
미련하고 슬픈 백합화

〈

주변도 살피고
옆가지도 배려했으면 좋으련만
봉우리가 무거워 고개를 꺾인 채로
너만 홀로 그 높은 곳에서
다시, 내려올 수도 없고
옆가지가 너를 도울 수도 없으니
안타깝구나

한 송이 백합화를 활짝 피우기 위해
너의 생존의 몸부림을
다 했건만
연약하고 높은 줄기 위에서
너는 그저 외로운 사슴일 뿐

봄이 오면
차라리
너의 고향 텃밭 동쪽 귀퉁이로
보내주련다

생일 파티

나의 생일에
아들이 소고기를 사준다고해서 집을 나섰다
오늘따라 비바람이 사정없이 차창을 가로막으니
먼 소고기 식당보다는
가까운 오리고기 집으로
코스를 돌렸다
오리고기 식당에 왔는데
'금일 휴업' 이다
다시
비바람을 헤치며
꿩 요리 집으로 향했다
꿩 요리 집에선
오늘 꿩은 없고 오리고기만 있다고 한다

송악산 앞바다에
형제섬이 성났구나

동문서답

사랑한다고 말하지 마
땡전 한 푼 없으면서
말만 잘하면 다냐
입으로 다 때우고
시도 때도 없이 담배만
뻐끔거리면 다냐
지하고 싶은 짓은 다 하고 다니면서
늙어서 병들면 두고 봐
나도 배알이 있으니까
네 넋은 뒤 집 개가 물어가서
정신도 헷갈리게 동문서답이구나

말이 통하지 않으면
한국어가 말이 아니다

계란말이

나른한 오후
계란말이 하나 해 놓고
남편과 소주 한잔 하고 싶다

독새기 한 마리
손에 들고 만지작거리다가
사발에 톡 깨뜨려 넣고
쪽파, 양파, 애호박
잘게 썰어
깊이 묻어 두었던
하고 싶은 이야기들도 꺼내어
나무젓가락으로 휘 젓고
두루 섞는다

달궈진 후라이팬에서
와지직 몸서리치며 피어나는
젊은 날의 추억 같은
노란 국화 한 송이

〈
신맛이 나는 묵은 사랑과 함께
맛김에 싸서 먹는다.

초복 날

초복 날 남편이 한턱 쏜다고 해서
에어컨 집 거실을 벗어나
우리 네 식구가
찜통 속 거리를 무더기로 몰려 나갔다
남편은 보신탕을 먹으러 가자고 하는데
둘째 아이가 어려서 키운 강아지 생각에
보신탕은 절대로 안 먹는다고 해서
차를 돌려
삼계탕 집으로 향했다
날은 더운데 뜨거운 닭고기 먹기 싫다고
내가 우겨서 냉면집으로 갔다
냉면집은 금일 휴업이라
다시 차를 돌려
네 식구가 다수결로 합의를 해서
이번에는 이것저것 고르기 힘들다고
칼호텔 뷔페를 먹으러 갔다
뷔페식당은 예약이 만석이라 다시
밖으로 나온 우리는 남편에게

밥값을 현금으로 주면 각자
알아서 먹겠다고 하였다
남편은 화가 나서
지갑을 내 동댕이치고
우리를 길가에 놔두고
혼자 집으로 가 버렸다
남편 지갑에는 천 원짜리 지폐 두 장과
내 이름으로 만들어 준 카드 한 개만 들어 있었다

카드가 햇빛에 반짝 빛난다

2015년을 보내면서

내가 보낸 2015년은
참으로 바쁜 여정이었습니다
이제 손을 흔들며
떠날 준비를 하고 있는
12월을 그냥
바라보고만 있지 않으렵니다

분에 넘친 사랑으로
내가 살아있음의 소중함을 알게 해 준 이들에게
따뜻한 미소로 행복을 전하렵니다

이유를 알 수 없는 미움과 불화를 조성하여
나를 불편하게 했던 이들에게도
긍휼의 마음으로
안타까운 이별을 해야겠지요

이제 2016년이
핑크빛 미소로 내게 오고 있습니다

나는 남은 여정의 시간들을
화려한 무지개를 밟고 지나가며
2016년을 맞이할 준비를 하고 있습니다

핑크빛 깃발을 휘날리며
새벽 미명을 달려오는
2016년을
따뜻한 가슴으로 맞이하겠습니다

그리고 나와 함께하는
모든 이들에게
행복을 나누고 싶습니다

빛이 새벽을 달려와
범섬을 향하여 오고 있습니다

이제, 축배의 잔을 높이 들고
환희의 송가를 부르며
찬란한 빛을 온 몸으로 받으며
2016년을 기다립니다

–2015, 12월 새벽. 범섬이 보이는 침실에서

3부

그 새벽 바닷가에서
_살아온 날들의 이야기

나의 고향

고흥반도 남쪽에 삼면이 바다로 둘러싸인 바닷가 조금 떨어진 산골 촌락에서 나는 어린 시절을 보냈다. 고향엔 아름다운 추억이 깃들어 있을 법도 한데, 나에게는 기억하고 싶지 않은 열등감으로 얼룩진 세월이 거의 전부였다. 태어날 때 약간 미숙아로 세상에 발을 딛고, 걸음마도 늦고, 말도 늦 터진 관계로 초등학교 1학년 시절에는 책을 읽으라고 세워 놓으면 얼굴이 빨개져서 큰소리로 왕왕 울어 버렸는데, 선생님과 친구들은 그게 우스웠는지 까르르 웃음바다가 되곤 하여, 나는 늘 학교 가는 것이 즐겁지가 않고 친구들과 자연스럽게 어울리지를 못했다. 나의 엄마는 동네 어른들이 서너 명만 모이면 나에게 재롱을 부리도록 했는데, 성장이 느리고 말이 늦터진 관계로 말을 시켜 보려는 엄마 나름대로의 염려가 아니었나 싶다.

아버지는 나에게 늘 엄격하신 관계로 사랑을 받지 못해서 난 아버지에 대한 기억이 거의 없다. 우리 7남매 중에 딸을 다섯씩이나 연달아 낳으시고, 맨 끝에

아들 둘을 얻으신 엄마도 늘 아버지의 눈치를 보며 살아야 했다. 그 시절에 아들 못 낳고 집안에서 쫓겨나지 않으려고 우리 딸 다섯을 안고 엄마는 거의 필사적으로 고생을 하시며, 집안 머슴들 하고 똑 같이 거친 일을 다 하셨다. 어린 시절 아침 새벽에 눈을 뜨면, 집안 장독대 위에 정화수를 떠놓고 단정하게 흰 옷을 입은 엄마가 기도 하시는 모습을 거의 매일 보면서, 가슴 저리게 아버지가 미웠다. 아버지는 남들에게는 후하고 가족들에겐 너무나 빈틈없이 엄격한 관계로 아버지의 체면 유지비를 엄마를 비롯한 우리 가족들이 감당을 해야 했다. 아버지는 그 시절에 가난한 농촌마을에서 민의원을 지내셨고, 초대 농협조합장을 역임하셨다. 장의원님 집안의 체면유지는 해야 되겠는데, 어려운 시절 우리는 늘 이웃에게 베풀어야 했고, 우리 가족들은 늘 옆구리가 시린 세월을 감당해야만 했다.

아버지가 이 세상을 떠난 뒤, 난 아버지의 존재를 거의 잊고 살았을지도 모른다. 이곳 제주도에 와서 살면서 아버지와 친분이 있었던 사람을 우연한 기회에 만났는데 몹시도 반갑게 대해주며, 어려울 때 큰 도움을 받은 적이 있다. 가슴 밑바닥, 기억이 거의 실종되어 버린 끈끈한 혈육의 그리움이 실낱만큼 남아 있어. 하늘을 보며 애잔한 마음을 달래곤 하였다.

100가호가 넘는 고향집 촌부락에 오직 우리 집만 기와집이었는데, 대문이 기와로 된 솟을대문이라서 거지들이 유일하게 비바람을 피해서 밥을 얻어먹을 수 있는 집이다 보니, 하루도 거지들이 거른 적이 거의 없었다. 우리 집에는 거지들 전용 밥상과 밥그릇, 숟가락이 따로 있었는데, 엄마는 아침 밥상을 차릴 때 마다 거지들의 밥그릇에 시커먼 보리밥을 잔뜩 눌러 채워 놓으면서, 밥 식기 전에 어서 갖다 주라고 머슴들을 시켰다. 어린 시절 나는 몸이 약한 관계로 음식을 잘 먹지를 못해서, 거지들이 너무나 맛있게 밥 한 그릇을 해 치우는 것을 신기하게 바라보면서, 턱을 받치고 쭈그리고 앉아 구경을 하곤 했다. 여름에는 동네 뒷 개울에서 우리 7남매가 전부 물장구를 치면서 멱을 감았는데, 나는 여름에도 찬물이 싫어서 절대로 물에 들어가지 않고 버티는 바람에, 언니는 물론 동생들 까지도 그런 나를 추근대며 구박을 해서, 멱 감는 개울가에 앉아서 혼자 외롭게 끙끙대며 울었다.

7남매의 시끌벅적한 군중 속에서 나는 늘 외로웠다. 초등학교 입학을 하고 나서도 말이 터지지 않아서 말로 표현이 서툴러 군중속의 고독을 안고 책과 쉽게 친해진 것 같다. 책이 무척 귀하던 시절에 손에 잡히는 책은 모두 다 읽었으니까. 가슴 한가운데 늘 구멍이 뻥 뚫린 것처럼 공허한 외로움을 책으로 달래지 않았는가 싶다. 그런 외로움 속에서 난, 배부른 돼지가 되는 것 보다는 고민하는 소크라테스가 되고 싶었는지 모르겠다. 어린 시절에도 난, 식욕 보다는 고독과 명상의 분위기를 택했으니까.

고향은 나에게 열등감과 못난 자아를 돌아보는 아픈 추억의 땅이며, 딸만 낳고 고생을 하셨던 엄마의 인고의 세월이 묻어 있는 슬픈 땅이기도 하다. 이제 이 곤고한 세월을 살다가 50년을 훌쩍 뛰어 넘어 버린 나의 인생을 뒤돌아보니, 미움도 열등감도 외로움도 모두 다 너그럽게 받아 드릴 수 있을 것만 같은데...... 뭔가, 가슴으로 쏴 하게 밀려드는 슬픈 그리움은 무엇일까! 엄마, 그리운 엄마!

제주도 아줌마

제주도 토박이 남편을 만나다 보니 내 희망 사항과는 무관하게도, 이곳 제주도에 온지 어언 30년 가까운 세월이 흘렀다. 10년이면 강산이 변한다고 했던가? 아름다운 강산만도 아닌, 나의 피와 땀이 얼크러진 척박한 땅 모슬포! 그래, 아무튼 그 피땀 어린 강산이 세 번씩이나 곤두박질친다고 한들 무슨 미련이 있을 것도 없겠다. 난, 지금 제주도에 와서 처음 단칸 셋방을 살았던 시절에, 이제까지도 잊혀 지지 않은 제주도의 무서운 아줌마 이야기를 하고자 한다. 아줌마라는 용어는 부드럽고 달콤하고, 부르기만 해도 따뜻하고 다정하다. 왜냐하면, 그 말 속에는 아이들의 엄마이고, 한 남자의 아내라는 뜻이 함축되어 있기 때문이다. 그러나, 제주도의 아줌마는 이런 말들을 무색케 할 정도로 완력이 세고 거칠다. 적어도 내 기억 속에는 그렇다.

우리 부부가 셋방을 살았던 집 주인 아줌마는 목소리가 크고 칼칼했으며, 일도 억세게 했던 사람이다. 여자라기보다는 한 가정의 가장 역할을 톡톡히 하고 있었으며, 모든 가정 경제권도 장악을 하고 있었던 것 같다. 주인 남편은 하루 종일 거의 말이 없었기 때문에 한 집에 살면서도 존재 의식을 거의 느끼지 못하고 지낼 때가 많았다. 아침에는 새벽 5시 이전에 주인아줌마의 큰 목소리가 온 집안을 우렁차게 휘두르고 다니는 바람에, 나는 이른 새벽부터 먼 이국땅에서 느껴야 했던 외로움을 부둥켜안고 제주도 아줌마의 사투리를 반쯤도 알아듣지 못한 채 공포감에 떨어야 했다. 게다가, 주인집에 고등학교 다니는 딸이 하나 있었는데 학교 가는 시간까지 엄마와 딸이 큰 소리로 매일 싸우며 하루 일과가 시작이 되었다. 항상 자애롭고 부드러운 엄마 목소리에 익숙해 있었던 나는 엄마와 딸이 저렇게도 치열하게 싸울 수도 있다는 것에 치를 떨어야 했다. 그 집에는 1년 내내 거의 쉴 틈이 없이 농사일을 했으며, 또 틈틈이 아줌마는 바다에 물질을 하러 가는 바람에 집에서 휴식을 취하고 있는 날을 단 하루도 보지를 못했다. 어쩌다가 무거운 짐을 날라야 할 때면 주인 남편은 아줌마의 등에 큰 짐을 올려붙여주면 아줌마가 짐을 등짝에다 지고 마치 황소처럼 무겁게 옮겨가곤 했다. 그 이상한 이국적인 풍경에 나는 아연실색 하고 말았다.

그때, 우리 부부는 의식주 해결도 제대로 되지 않는 생활 속에서 너무나 비참하고 뼈아픈 객지 생활을 보내고 있을 때였다. 더구나, 겁이 잔뜩 많았던 나는 집

주인 아줌마가 너무나 무서워서 가능하면 얼굴을 부딪치지 않으려고 일부러 슬슬 피해 다닐 수밖에 없었다. 그러나 이것이 화근이 되었다. 내가 자기를 피한다는 것을 집주인 아줌마가 감각적으로 느낀 것이었다. 어느 날 부터인가, 우리 셋방엘 들락거리면서 간섭을 해대기 시작하였다. 처음엔 마당을 쓸지 않는다는 둥, 수돗물을 아껴서 쓰라는 둥, 그렇게 시작하던 간섭이 점점 도가 진행이 되어, 왜 아무 일도 안하고 하루 종일 집에서 가만히 있느냐? 왜 남편이 벌어 오기만 기다리고 있느냐? 그 옷 좀 빌리 입자. 구두 좀 빌려 신고 오일장에 좀 갔다 오자. 옷과 구두를 빌려 가는데 내 승낙이 따로 필요 없었다. 그냥 들어와서 가져가는 것이었다. 아줌마의 말인즉, 육지년이 할 일 없이 멋만 부리고 앉아서 쓸데기 없이 잡지책만 보고 있다는 것이었다. 하긴, 머나먼 이국(적어도 그때는 그렇게 느꼈다.) 같은 이곳에 말이 통하는 사람은 하나도 없고, 살아가는 풍습과 의식 수준이 너무나 다른 땅에서 무엇을 해야 할지 기가 콱 막힐 뿐이었다.

그때 남편이 돈벌이가 시원치 않아서 급기야 우리 부부는 3일이나 굶어야 하는 사태가 벌어지고 말았다. 남편은 불쌍하고 가련한 육지 각시를 그 무시무시한 아줌마가 있는 집에 홀로 남겨두고 아침에 나가서 밤이 되어서야 술 냄새를 풍기며 빈손으로 들어오기를 연거푸 며칠을 거듭 하였다. 쥐가 막다른 골목에 서면 고양이를 문다고 했던가? 굶기를 3일째 하던 날, 드디어 그 무서운 아줌마와 내가 사상 최대의 결투를 벌리고 말았다. 이유와 원인은 다 잊어버려서 모르겠고, 내가 아줌마에게 머리채를 붙잡힌 것만 기억하고 있다. 싸우면서 산다는 것이 남의 일처럼 만 생각을 하던 나는, 급기야 머리채 까지 붙잡히고 나니, 지구가 한 바퀴 돈 것 보다 더 큰 충격을 받았다. 그날은, 아줌마의 손에 의해서 우리 집 살림살이가 마당에 다 내팽개쳐진 날이었다. 양은 냄비, 석유곤로, 솥단지, 흙바닥 부엌에 놓았던 찬장 등...... 그 살림살이도 남편 친구 그릇 가게에서 다 외상으로 가져와서 아직 외상값도 지불이 되지 않은 것 들이었다. 아줌마는 셋방을 비우고 자기 집에서 당장 나가라고 거세게 악을 팍팍 썼다.

그 날 이후 내가 얼마나 변신을 했는지는, 나도 알고, 모슬포가 알고, 송악산 앞바다가 다 아는 사실이다. 내 자신이 깜짝 놀랄 정도로 나는 무섭게 변신을 하였다. 홀로 우주에서 떨어진 외계인처럼, 이 무섭고 척박한 땅 제주도-모슬포 사람들과 온 몸으로 부딪치면서 살다 보니 겁 날것이 없었다. 나는 주변 사람들과 거의 타협을 하지 않았다. 하늘을 우러러 부끄럽지 않다면, 나는 온몸으로 밀어붙이고 때에 따라서는 결투도 마다하지 않았다. 나는 모슬포 아줌마 보다 더 무서운 아줌마가 되어 갔다. 갑옷을 입고 창검을 든 철의

여인도 온 몸으로 질주한 나를 당하지 못 하였으리라.

이렇게 진정한 내가 아닌, 또 다른 나의 모습과 거의 혈투를 벌리면서 살아온 세월 동안, 어느덧 나는 손자를 둘씩이나 얻은 제주도 할망이 되었다.

이제 난, 나의 본 모습으로 돌아가고 싶다. 오호라, 나는 곤고한 사람이로다. 내가 원하는 바 선은 행하지 아니하고, 도리어 원치 아니하는바 악은 행하는도다. 사도바울의 인간실존의 심오한 고뇌 보다는 참 진리를 찾아서 신을 행하고, 스치는 바람에노 아파하는 섬세한 가슴으로, 조금은 우아하고 아름다운 나의 본 모습으로 돌아가고 싶다.

아! 그 모진 세월을 살아온 아줌마 시대보다도 할머니 시대가 훨씬 더 편하고 좋다. 제주 할망이 된 지금 그 모진 세월도 다 추억으로 받아 줄 수 있으니까. 미움도 아픔도, 그 오랜 세월의 셀 수 없는 많은 상처들도 웃을 수 있는 여유로움에 그저 그 세월이 감사할 뿐이다.

여자 중 극히 어여쁜 자야. 아침 빛 같이 뚜렷하고 달 같이 아름답고 해 같이 맑고 기치를 벌인 군대 같이 엄위한 여자가 누구인가?

아줌마 시대여, 아듀!

무릉리에서

얼마 전 우리 가족이 무릉리 해안도로에 있는 바닷가 새집으로 이사를 했다. 어렸을 적에 내 꿈이 최첨단 시설을 갖춘 근사한 호텔을 갖고 싶은 것이었다. 그러나 그 화려한 꿈은 가파른 현실 고개를 넘어 오느라 숨이 턱에 닿아 맥없이 무너지고 말았다. 하기사 지금 생각해 보면, 그러한 근사한 꿈과는 상관없이 나의 인생길 고비 고비 혹독한 현실은 내 자신을 그렇게 고상하고 부드러운 여자로 놓아두진 않았다. 인형의 집에 로라처럼 나는 끊임없이 내 生의 진정한 자유를 찾아 몸부림을 치면서, 나에게 주어진 어쩔 수 없는, 도저히 용서할 수 없는 현실과 피투성이가 되어 치열하게 싸우면서, 그렇게 맹렬한 여성으로 살았던 세월이다.

꿩 대신 닭이라도 좋다. 이제 그 화려한 호텔은 나에게 없지만, 이 조그마한 바닷가 3층 주택에서 난, 고난 끝에 승리한 순례자처럼 평화롭다.

뒷 터에 상추. 배추, 고추. 깻잎 등 씨를 뿌렸는데 얼마나 신통하게 잘 자랐는지, 그것들을 뜯어다가 양념된장에 쌈을 싸서 포식을 하고 나면 은근히 낮잠

이 스르르 밀려와서 거실 소파에 누워 망망대해에 푸른 바다를 바라보면서, 반수면의 감미로운 시간을 즐기는 게 요즈음 나의 일상이다. 며칠 전에는 집채만큼 큰 파도가 무섭게 밀려와서 우리 식구들에게 잔뜩 겁을 주더니, 오늘은 우주에서 들려오는 자장가 소리에 비단 물결의 바다가 하늘을 향하여 응석을 부리고 있다. 바다는 변화무쌍하게 호흡을 하며, 끊임없이 새로운 생명을 잉태한다. 단 하루라도 어제의 상태를 똑같이 유지하는 날이 없으며, 매일 새로운 바람과 새로운 풍경을 나에게 선 보인다. 오늘처럼 애교를 부리면서 깃털처럼 부드럽게 다가오다가도, 무섭게 화가 나서 덤벼드는 파도를 보는 날이면, 장렬하게 뛰고 있는 운동선수를 보는 것처럼, 그 풍경이 웅장한 매력으로 나를 사로잡는다.

오늘도 그 멋진 석양 노을을 볼 수 있었으면 좋겠다. 바다 속으로 붉은 해가 자취를 감추어 가는 모습은 숨이 탁 멎을 것처럼 황홀하다.

아! 행복이여, 평화여, 나의 사랑이여!

호사다마인가? 새 집으로 이사를 와서 갈빗대 3대가 부러지는 사건이 생겼다. 샤워하다가 욕조에서 꽈당! 미끄러졌는데 정형외과에서 X-레이 검사 결과 늑골 뼈 3대가 부러진 걸로 진단이 났는데, 한 달이 지나도록 뼈가 붙지 않고 있다. 뼈가 부러진 바람에 여러 가지 일에 차질이 왔지만, 그래도 그만큼한 일로 나의 이 감미로운 행복을 깨지는 못한 것 같다. 오늘도 난, 바닷가에서 남편이 만들어 놓은 나무벤치에 앉아, 끔찍할 정도로 황홀한 석양을 바라보며, 아직은 그 무슨 열정이 남아 있어, 수평선 저 너머 미지의 세계에 대한 갈망과 고뇌와 내 황혼의 인생에 대한 위로의 쓴 잔을 마실 테니까. 그리하여, 내가 얼마만큼이나 나의 인생을 적극적으로 열심히 살아 왔는지 못나고 부족하고 미련 투성이인 내 자신을 스스로 얼마나 사랑했는지, 내 인생의 길잡이가 되어 주신 나의 神에게 내가 얼마나 중요한 존재인지를 확인하며, 벅찬 감동으로 자축하며 축배를 들 테니까. 비록 꽃처럼 향기 나는 나의 삶이 아니라도 눈물이 와락 쏟아 질 것만큼 큰 감동으로 나는 나의 삶 전체를 끌어안고 그렇게 축배를 들리라.

세상의 그 어떤 언어로도 표현할 수 없는 사랑하는 나의 神과 함께.

할렐루야!

갱년기

거기엔 아무도 없었다. 꿈도 야망도 내가 걸어 온 이 길은 분명 아닌데, 나는 거기에 망연히 그렇게 서 있을 수밖에 없었다. 내가 수없이 허덕이며, 때론 처절하게 피범벅이 되어 나의 세월과 그렇게 싸워오면서 나 자신도 모르게 내가 원하지도 않은 카테고리 속에 나를 가두어 놓고 있었던 것이다. 뒤를 돌아보니 너무 많이 와 버려서 돌아갈 엄두도 나지 않아서, 그냥 주저앉아서 그 카테고리 안의 의미를 찾기 시작했다. 적어도 나는 내 이야기를 들어 줄 사람이 필요했다. 존재의 의미를 찾기 위해서, "내가 누굽니까?" 만나는 사람마다 붙잡고 그렇게 질문하고 있었는데, 나의 입은 수 없이 다른 말들을 하고 있었다. 최대한의 인내심을 발휘하면서 내 이야기를 끝까지 경청하던 고맙고 점잖은 상대방이 지쳐서 싫증이 날 때까지 기력을 다 해서 횡설 수설 하기를 그치지 않았다. "당신은 좀 피곤한 사람이군요." 인내심이 한계에 달하면 상대방은 눈빛으로 그렇게 말하면서 나를 슬프게 남겨두고 떠나 버렸다.

아! 나의 고지는 저기 바라보이는 에덴 동쪽에 있는

데, 피 냄새가 진동하는 골고다 서쪽 오름 중간도 휠씬 더 올라와 버려서 돌아갈 기운이 없어서, 갈 수 없는 나의 고지를 바라보면서 사도세자처럼 슬프게 갇혀 있네. 누가 나를 이 곳 까지 데려왔단 말인가. 바람아 대답해 다오. "내가 누구니?" 살아있는 동안에 할 말이 너무 많아. 바람아 내 말 좀 들어다오. 목련꽃 한 송이 머리에 꽂고 해 질 녘 바닷가에 너와 마주 앉아 데이트를 즐기고 싶다. 솜처럼 부드러운 산들바람으로 나의 이마에 키스를 하고, 못 다한 사랑 이야기를 들어 주겠지? 그러다가 금방 사나운 회오리바람으로 나의 뺨을 때리면서 바보처럼 어리석었던 나의 과거를 힐난하게 비웃을 거야.

그래, 바람아. 차라리 나를 때려다오. 가슴 깊숙이 첩첩으로 쌓아놓은 나의 상처를 그렇게 야비하게 후벼 파지 말고 차라리 나를 더 아프게 때려 다오. 목련꽃 한 송이 가슴에 부둥켜안고 차라리 너에게 내 뺨을 내놓을 거야. 바람이 뺨으로 머리채를 휘잡아 내리치면서, 전신을 휘돌아 나를 아프게 때린다. 그래도 나의 꽃은 시들지 않아. 바람아 나를 용서하지 말아다오. 목련꽃 한 송이 처절하게 움켜쥐고, 에덴의 동쪽 나의 고지를 향하여 고운 발자국 남길 때까지. 나는 시름시름 앓기 시작했다. 심한 중병이 걸린 사람처럼 몸에 기운이 빠지고 집중력과 기억력도 떨어지면서, 의욕 상실자처럼 점점 나락으로 떨어져 가고 있었다. 왜 이럴까? 내가 많이 아픈 것 같아. 혹시 암세포가 창자 속에서 자라고 있는 것은 아닐까? 암은 통증도 없고 기운이 없다는데...? 이 말에 남편이 더럭 겁이 났는지 종합 진찰을 좀 받아보라고 한다. 글쎄. 내가 왜 이럴까? 생각다 못해 드디어 종합 진찰을 받기 위해서 비행기를 타고 먼 원정길에 나섰다. 제주도엔 언제쯤 최첨단 의료시설들이 들어올 수 있을까? 혼자 불평하면서, 그래도 이왕 내친걸음인데 여행하는 기분으로 즐겁게 다녀오자 하고 용감하게 출발하였던 게 큰 착각이었다. 전날부터 굶은데다가 검진 시간이 오전 8시부터 시작하여서 오후 3시까지 진행이 되어서 끝나고 나서는 거의 실신 상태였다. 꽤 고액의 진단료를 지불하고, 머리끝에서 발 끝 까지 세밀한 진찰을 하였기 때문에 이상이 있으면 뭔가 나타날 거야.

일주일 후에 담당의사의 종합 진단 소견은 우리 가족들을 모두 아연실색하게 만들었다. "진단 결과, 몸에 이상은 전혀 발견되지 않았습니다. 저의 소견으로는 갱년기 우울증 같습니다." 갑자기 머리를 한 대 얻어맞은 것처럼 멍하게 하늘을 올려다본다. 전봇대에 까치 한 마리 혀를 날름거리며 비웃고 있다. 우리 집 마당에 반려견 해피가 제 꼬리를 잡으려고 궁둥이로 원을 그리고 있다. 갑자기 육신의 온 뼈마디가 아우성을 치면서 제자리를 찾아가고 있었다.

잡티 제거

어제 제주시에 출행을 하였다. 얼굴에 잡티제거를 하는 피부과 병원에 다녀오는 길이다. 원래 그럴 예정은 아니었는데 육지에 여행을 갔다가 후유증으로 감기몸살을 심하게 앓으니, 이왕 집에서 며칠은 쉬어야 되겠다 싶어 일을 만든 것이다. 또, 내가 열등감을 심하게 갖고 있는 한 부분의 치료이기도 하다. 동네 목욕탕에 가서도 피부가 우유 빛처럼 고운 여자를 보면 나도 모르게 부러운 눈길을 주곤 한다. 어려서는 가는 곳 마다 예쁘다는 말만 들어서인지 은근히 공주병이 좀 심하다 싶을 때도 있다. 어려서는 철이 없어서 그렇다 치고, 지금 이 나이에 예뻐지고 싶다니 좀 웃기는 일 아닌가?

집에 오는 길에 곰곰 생각해 보니 꼭 예뻐지고 싶다는 그런 의미는 아닌 것 같다. 언제부터인가 내 삶의 무게만큼 무수한 잡티가 얼굴에 계속 찍히는걸 보면서 지우개로 지우고 싶은 생각이 간절했었다. 아침마다 거울 앞에서 화장을 하고는 화사한 내 얼굴을 보면서 화장을 안 할 때도 이렇게 고우면 얼마나 좋을까 했었다. 기억 속에 있는 내 삶의 잡티도 이렇게 지우고 싶다. 레이저 광선으로 파닥 파닥 따끔거리는 아픔을 조금만 참으면 보기 흉한 딱지가 앉았다가 떨어지고, 이내 뽀오얀 새살이 돋아나는 것처럼 내 머릿속의 아픈 기억들도 그렇게 정리해 두고 싶다.

이제 가끔은 지나온 내 삶을 뒤돌아본다. 무슨 악받치는 전쟁을 치르느라고 그토록 치열한 삶을 살았을까 싶다. 내가 원한 것들은 그런 것이 아니었는데. 나는 곱고 우아한 내 꿈의 욕구를 끝까지 놓고 싶지 않았다. 그래서 진흙탕 속에서도 이처럼 끈질기게 살아남아 있는지도 모르겠다는 생각이 든다. 어쩌면 진흙탕 속의 진주처럼 죽을 때 다른 누구도 아닌 내 자신을 소중히 껴안고 죽을지도 모르겠다. 더럽고 지저분한 잡티는 깨끗하게 제거한 체로.

집에 와서 거울을 보니 얼굴을 포크레인으로 갈아엎어 놓은 것 같다. 가히 사상 최악의 모습이다. 어이가 없어서 거울 속에 비친 생소한 괴물을 뚫어지게 노려보며

"너 누구냐?"

하다가 피식 웃는다. 거울속의 괴물도 웃는다. 내 머릿속의 복잡한 생각들도 이렇게 갈아엎어서 정리 정돈해야 될 것인가. 실타래처럼 얽혀있는 수많은 생각들, 기억하고 싶지 않은 아픈 상처들, 고달픈 삶의 흔적들, 그것들은 나의 행복한 일상 속의 위장술로 뒤덮여 가늠할 수 없는 탄식으로 나와 함께 살아가고 있다. 세월이 흘러 언젠가, 내게도 그런 행운의 기회가 주어진다면 잠자고 있는 내 의식 속의 밑바닥에서 그것들을 꺼내어 행복의 포크레인으로 갈아엎어 놓고 싶다. 정말로 힘 있고 단단한 행복을 붙잡을 수만 있다면.

난 잡티제거에 성공 할 것인가? 거울속의 낯선 여자는 어제보다 더 망가진 얼굴을 들이대며 나의 행복 앞에 서있다.

선물과 불청객

매일 새벽 눈을 뜨면, 나에게 주어진 생소하고 상큼한 선물이 준비되어 있다. 새롭고 신비한 시간의 선물이다. 매일 아침 설레는 가슴으로 오늘 하루만큼의 선물을 소중하게 부둥켜안고, 내게 주어진 나의 시간 속으로 뛰어 들며 하루를 시작한다. 심장에서 뛰는 나의 맥박 소리를 들으며.

"어? 비 온다. 비가 오네." 새벽기도를 마치고 돌아온 남편이 마치 비를 처음 보기라도 한 것처럼 나의 단잠을 깨운다. 눈을 부비고 일어나자마자 혈압 약부터 한 알 입에 넣고 차가운 물을 삼킨다. 오랫동안 가뭄이 계속 되더니 오늘은 가을 단비가 보너스 선물로 우리 집 정원을 적셔주고 있었다. 향나무 위에, 잔디 위에, 강아지 집 위에, 가로등 위에, 잠자고 있는 바다 위에...... 한꺼번에 주기 아까운 듯 그렇게 조금씩 바람에 흩뿌려 날리고 있다. 남편이 강아지를 집 안에 잡아넣으면 답답해서 금방 뛰쳐나온다. "들어가!" 남편이 호통을 치면 집으로 쏘옥 들어가서 얼굴만 내밀고 있다가 또 눈치껏 뛰쳐나와서 꼬리를 친다. 사락사락 비를 맞으면서, "안녕! 오늘 하루도 잘 해 보자." 강아지와 아침 인사를 나누며, 겉보기에는 평범한 나의 바쁜 일상으로 돌아간다.

늘 나의 운명은 나의 시간과 함께 손님처럼 내게 찾아와서 내 몫을 소리 없이 점령해 버렸다. 내가 원하지도 않았고 초청하지도 않았는데, 그러나 그 불청객을 나는 단 한 번도 거부하거나 피하지 않았었다. 내가 살아온 평생의 날들이 손님처럼 내게 찾아 온 운명과의 동침이었다. 글쎄, 그 혹독한 날들의 시간들을 운명이라고 할 수 있을지는 모르겠다. 그러나 내가 간절히 원하고, 영혼의 깊은 골에서 그리워하는 고상한 손님을 내 운명은 허락하지 않았다. 나는 늘 바빴고, 내게 다가온 거칠고 매너 없는 운명을 부둥켜안고, 현실과 용감하게 싸워 오면서, 내가 뼈저리게 감당 해야만 할 몫은 처절한 외로움과의 투쟁이었다. 그러나 불청객으로 다가온 운명 앞에 난 비겁하지 않았다.

때로는 이 운명의 굴레를 벗어나고 싶을 때도 있었다. 또, 가끔씩 거칠고 무식한 운명의 불청객을 걷어차 버리고 싶을 때도 있었다. 이처럼 불순하고 무식한 현실이 나의 손님이 되어 찾아온 이유를 알 수가 없었다. 그러나 너무 급격하고 거칠게 다가온 현실 때문에 피할 겨를이 없었던 것은 아니었을까. 어찌됐든 내 스스로, 나는 그 운명적인 현실과의 싸움에서 승리 하였다.

남편이 텃밭에서 어린 배추를 뜯어다가 한 소쿠리 갖다 놓는다. 멸치 넣고 된장국을 끓여 볼까? 이런 평범한 일상 속에서 나는 지금 행복하다. 만일 내게 주어진 여분의 시간이 오늘 하루의 반 토막 만큼이라도 나는 神이 내게 준 그 경이로운 선물에 감사 하리라. 빗줄기가 점점 굵어지더니 잠자는 대지를 흔들어 깨운다. 나의 시간 속으로 끼어든 불청객과 오늘은 조금만 더 뜨겁고 열정적인 포옹을 하고 싶다.

神(God)은 우리에게 공평함으로.

쌤 이야기

쌤(sam)은 우리 집 강아지 이름이다. 4년 전 우리 가족이 바닷가 이 집으로 이사를 와서 보니, 옆집은 육지 사람들 별장이고, 황홀하고 아름다운 바다와 더불어, 영혼의 풍요로움 대신 감수해야 될 몫은 육신의 외로움이었다. 그러던 중 대화 상대를 찾다 보니 자연스럽게 강아지 두 마리를 얻어다 키우게 되었다.

처음에 우리 집에 온 강아지 두 마리는 사이좋게 열애를 하여서 이듬해에는 새끼를 네 마리나 낳았다. 나는 어미에게 쇠고기 미역국을 끓여 먹이고 정성껏 산후조리를 시켜 주었더니 새끼 네 마리가 모두 건강하게 잘 자라서, 우리 집 마당을 올망졸망 뛰어 다니는 모습이 퍽이나 귀엽고 앙증스러웠다. 우리는 제일 튼튼한 놈 한 마리만 남기고 나머지 세 마리는 가까운 지인 집에 분양을 해 주었다. 그리고 통통하게 살이 오른 놈을 복돌이라고 부르기로 했다. 복돌이는 하얀 털을 탐스럽게 하고 다니며 우리 집에 온 사람들에게도 큰 사랑을 받았고, 나도 복돌이를 특별히 아끼고 사랑하였다.

그러던 어느 날, 복돌이가 교통사고를 당해서 그만 현장에서 죽고 말았다. 거대한 화물차가 우리 집 앞 해안도로를 과속으로 질주하면서 어린 복돌이를 무자비하게 깔아 뭉개버렸다. 나는 사고 현장에서 창자가 터진 복돌이를 보고 거의 숨이 넘어가듯이 악을 쓰며 울었다. "복돌아! 복돌아!" 길바닥에 주저앉아 너무 서럽게 울고 있으니, 지나가던 아저씨가 갈 길을 멈추고 우리 집 마당 귀퉁이에 세워 놓은 삽을 가져다가 땅을 파고 복돌이를 묻어 주었다. 나는 며칠 동안 복돌이를 애석해 하며 계속 울었다. 더욱 나를 서럽게 한 것은, 남편이 "똥개 때문에 정신 사납게 한다."고 하면서 개장사를 불러서 복돌이 부모도 다 팔아 버리고 말았다. 복돌이 부모를 팔아서 받은 돈으로 남편은 소주를 몇 병 사와서 마시면서, "다시는 개 키우지 마라." 하는 것이었다. 남편의 그 모습이 더 외로워 보여서 나는 또 눈물이 났다. 공교롭게도, 때마침 태풍 나리가 와서 개집 두 채를 복돌이와 함께 한꺼번에 하늘로 날려 보내고 말았다.

복돌이 사건 이후, 이듬해 추운 겨울에 하얀 털을 한 강아지 한 마리가 들어와서 며칠 동안 계속 쫓아도 가지 않고 우리 집 정원에 틀고 앉아서 애교를 부리는 것이었다. 자세히 살펴보니 털이 길고 아주 순한 풍산개와 비슷한 강아지다. 개 임자가 있겠거니 생각을 하여 묶어 놓지는 않고 밥을 주면서 한 달여 같이 살았을까? 여행 계획이 있어서 집을 며칠 비우고 돌아와 보니 없어져 버리고 말았다. 그 허전한 마음이란 이루 말할 수가 없다.

이름도 모르는 하얀 강아지 생각 때문에, 나는 또 일을 만들고야 말았다. 궁리 끝에, 이제는 혈통이 있고 영리한 놈으로 진돗개 혈통서 까지 받아서 암, 수 두 마리를 꽤 비싼 금액을 치르고 사다 놓았다. 그 중 숫놈이 쌤이다. 그런데, 비싼 놈이 비싼 값을 치르려나 보다. 쌤이 우리 집에 와서 보름쯤 지나서 설사를 하고 심하게 아파서 동물병원에 입원을 시켰다. 일주일 후에 퇴원을 시켜서 집으로 데려 오면서 너무 비싼 입원비 때문에 실랑이를 해야 했다. "의료보험이 안 되어서...." 동물병원의 원장님이 괜히 미안해서 한마디 했다.

그런데, 동물병원에 다녀온 후로 쌤이 이상하게 말도 듣지 않고 사람도 따르지 않았다. "생기기는 참 잘생겼는데 왜 저리도 말을 듣지 않고 어깃거리지?

병원에서 너무 독한 주사를 써서 지능이 망가져 버린 것은 아닐까? 사람도 어렸을 때 너무 독한 약을 먹으면 바보가 된다고 하던데......" 그러던 중에 어느 날부터인가, 남편이 쌤을 '멍청이'라고 부르기 시작했다. 볼일이 있어서 외출 나갔다 온 후에는 "어이, 멍청이! 오늘도 집 잘 봤냐?" 하면서 아직 다 크지도 않은 쌤의 머리를 '팍', '팍' 두어 번씩 쥐어박았다. 나는 쌤이 절대 멍청이가 아니라고 우겨댔다. 왜냐하면 혈통서가 버젓이 있지 않은가? 혈통서에는 진도견의 뼈대 있는 가문의 이력이 적혀 있다. 누가 감히 쌤을 멍청이라고 얕잡아 볼 수가 있단 말인가.

그러던 중에 사건이 터지고야 말았다. 멍청이 대접을 받고 부아가 잔뜩 오른 쌤이 만 2년째의 생일을 앞두고 가출을 해버리고 말았다. 나는 사방팔방으로 쌤을 수소문한 끝에 이웃 동네 길가 집에서 우연히 나와 마주쳤는데, 너무나 반가운 마음에 "쌤!" 하고 큰소리로 부르면서 달려갔다. 그런데, 이게 웬 일일까? 틀림없이 나를 알아보고 뛰어올 줄 알았는데, 쌤이 힐끗 쳐다보더니 도망가기 시작했다. "쌤!, 쌤!" 나는 계속 쫓아가면서 큰소리로 불러 댔지만, 쌤은 계속 힐끗힐끗 뒤를 돌아보면서, 마치 약 올리듯이 도망을 간다. 결국 쌤을 놓쳐 버리고 말았다.

그 날 이후로 난 정말 속상하고 화가 났다. 2년 동안 보살펴 주고 키웠는데 그렇게 배반을 하다니! 남편도 화가 잔뜩 나서 한마디 했다. "잡히기만 해 봐라. 보신탕집에다 당장 팔아 버린다." "그럼 혈통서는 어떻게 해?" 나도 부아가 나서 한마디 대꾸한다. "그 귀한 혈통서는 당신이나 볶아 잡수쇼." 남편이 계속 이죽거린다. 나는 이래저래 화가 나서, 허전한 가슴을 안고 우리 집 앞바다만 쳐다 볼 뿐이다.

쌤이 집을 나간 지 20여일이 지났다. 결국 돌아오지 않으려나 보다. 그 집에도 다시는 나타나지 않았다. 서랍에 넣어 두었던 혈통서를 꺼내서 자세히 보니 진도견(국견)협회 전화번호가 있다. 전화를 해 볼까? 전화해서 뭐라고 물어 볼까? -진짜인지, 가짜인지-. 이 종이 한 장의 가치는 무엇으로 셈을 할 것인가?

- 무릉리에서 2009년에

바다와 함께

바다와 함께 한 지난 5년 동안의 휴식은 나를 여러 가지로 변화 시켰다. 마라토너가 결승점을 향해서 치열하게 달리다가 숨이 턱에 닿아서 골인을 하긴 했는데, 뒤돌아보니 주위엔 아무도 없고 경쟁자도 없었다. 그럼, 왜? 무엇 때문에 혼자 피나는 외로운 투쟁을 하였을까?

눈만 뜨면 바다가 보이는 집에서 난 바다와 이야기를 시작했다. 공주병인 것처럼, 철없이 아름답고 우아하고 싶었던 나. 아무도 내편이 되어주지 않는 현실은 나를 대책 없는 폭력 꾼으로 만들었고, 그곳에서 끝없이 도망치고 싶었던 나. 무자비하게 짓밟혀 구겨진 인격은 가히 상상을 초월한 상처투성이어서 정말 수습하기 힘들었다. 제주에서 살았던 30년의 세월이 그랬다. 바다야! 너는 알지? 피 흘리는 상처를 싸매지도 못하고 숨이 턱에 닿아 숨고르기를 하느라고 지난 5년의 세월을 너와 함께 보내버린 것을.

바다는 나의 많은 이야기들을 들어주었다. 그리고 말이 없었다. 나만이 알고 있는 사랑의 비밀도, 헤아릴 수 없는 상처의 비밀도, 나의 전부를 걸고 몰입하고 싶었던 내 꿈의 비밀도 바다는 넓은 가슴으로 가득 품고 깊은 무저갱 속에 묻어 주었다. 어느 날, 비밀을 너무 많이 쏟아 놓을 때에는 감당하기 힘들 정도로 배가 불러서 바닷물이 넘치듯 파도가 집 앞에 까지 밀려올 때가 있었다. 또, 어떤 날은 왜 그렇게 미련하게 살았느냐고 성난 태풍과 함께 파도를 일으켜 우리 집 3층 지붕을 삼켜버릴 것처럼 무섭게 대들기도 했다. 난 무모하게 덤비는 파도를 가슴으로 안고 지난 세월을 보상이라도 받을 것처럼 행복을 꺼이꺼이 주워 모았다.

나는 가끔 무섭고 두려웠다. 이제 그 피 흘리는 질주를 끝내고 진정으로 내 영혼이 그토록 갈망하는 일을 하고 싶은데, 난 어느덧 황혼의 문턱에 들어서고 있다. 누군가 내밀어 주는 손 있으면 그 손잡고 이 휴식 속에서 일어나고 싶다. 내 영혼의 꿈을 향해서 일어나 걷고 싶다. 상처투성이인 이 작은 가슴에, 깊은 바다 무저갱 속에 묻어둔 비밀보다 더 많은 사연들이 터지지 않은 폭탄처럼 잠재되어 있다. 그건 발산하지 못한 사랑인지도 모르겠다. 억눌려있던 꿈일 수도 있겠다. 폭탄이 터져서 내가 공중분해 되어버리기 전에 나는 그것들을 정리해 두어야 한다.

내 심장의 중심부에 나의 우주가 있다. 그곳에서 오늘도 또 하나의 생명체가 잉태를 한다. 이 넓은 우주에 새 생명이 끝없이 잉태되는 것처럼. 난 그것들을 차례로 꺼내서 실타래 풀어 가듯이 써 내려가야 한다. 그래서 내 우주의 생명체를 지면위에 탄생시키고 싶다. 그것이 내가 지금부터 해야 할 일이다. 또한 내 영혼의 생명을 소생시키는 산고이며 내 꿈을 향해 날아오르는 독수리의 날개 같은 것이다.

인생은 어차피 나그네 길이라면, 난 그 길을 마라톤 선수처럼 질주했을 뿐이다. 성취해야 할 꿈이 너무 간절해서 그냥 걷고 있을 수만은 없지 않았을까. 우주에서 떨어진 돌연변이처럼 평범 속에 안주하고 싶지 않았던 나. 난 다른 사람과 똑같은 행로를 걷고 싶지는 않았다. 타오르는 불길 속에 나의 삶을 태워버릴 것처럼 강렬한 액션으로 주어진 시간들을 움켜잡고 싶었는지도 모르겠다. 지금 내 앞에 다가온 황혼의 시간을 향해서 그렇게 마주 서 있다. 마주 서서 두 주먹 불끈 쥐고 노려보고 있다. 경이롭고 존엄한 나의 꿈을 향하여 –

5060 시대

지금 텔레비전에서 7080 음악회를 하고 있다. 언제부터인가 난 그 프로그램을 즐겨보고 있다. 난 아직 7080 시대는 아닌데. 문득 서글픈 생각이 든다. 얼마 전 서울에서 하는 동창회를 참석 하느라 비행기를 타고 원정길에 나섰다. 꽤 친했던 친구가 갱년기 우울증으로 정신신경과 병원에 입원중이라 참석하지를 못했다. 나와 전화 통화를 하면서 끊임없이 남편 자랑과 자식들 자랑을 하면서 세상에서 가장 행복한 여자인 것처럼 수다를 떨었다. 그런데 갱년기 우울증이라니 뜻밖이었다. 나도 3년 전 쯤 인가 갱년기 우울증이라는 의사의 진단을 받은 적이 있다. 자가 치료를 하느라고 운동과 종교의 힘을 빌려서 극복을 하긴 했지만, 그 시간들이 힘들었던 것은 사실이다.

가장 위로 받아야 할 시기가 5060 시대가 아닌가 싶다. 그런데 왜 5060 시대만 빼놓고 떠들어 댄단 말인가. 그러니 아쉽게라도 7080 음악회라도 들어야 하지 않겠는가. 이렇게 세월의 무상함을 서글프게 느끼면서. 젊은이들에게 속한 것도 아니고, 그렇다고 노인

축에 들기에는 너무 젊고. 쌍방향에서 모두 거절당한 5060의 소외된 샌드위치 시대 우울한 영혼의 방랑자들. 그러니 웬만한 강심장 아니고는 우울증이 올 수 밖에 더 있겠는가.

5060의 어린 시절은 허리끈을 졸라매고 학비를 대야 하는 부모님을 보면서 자라왔다. 그래서 자식만큼은 잘 가르쳐 보려는 욕구 때문에 자식의 교육 뒷바라지를 위해서는 어떤 희생도 감수를 하면서 젊음을 다 바쳤다. 고급 교육을 잘 받고 배운 자식들은 그에 걸 맞는 짝을 만나 결혼을 해서 부부 맞벌이를 하느라고 또, 자식을 낳아 놓기만 하고 키우는 것은 부모에게 맡겨버려 이중고를 겪게 하고 있다. 손자가 예뻐서 키우기야 하지만, 그 속 고생이야 오죽 하겠는가.

5060 시대의 슬픔은 또 있다. 요즘 모임에 나가면 손자를 등에 업고 나오는 선배 들을 만난다. 아기 혼자 집에 둘 수가 없어서 아예 데리고 나온다. 그런데 그 아기가 얌전히 있을 리가 없다. 사방을 어지럽히고 다니다가 결국엔 조그만 사고를 내기가 일쑤다. 아기 때문에 정신이 분산되다 보면 마음이 급해져서 분위기는 엉망이 되어 버린다. 5060 시대의 비참한 광경이다.

자식이 인생의 전부인 것처럼 살아오다가 이젠, 정

말로 자신만의 시간이 절실하게 필요한 이때에, 자식 뒷바라지 보다 더 힘든 손자의 기저귀 뒷바라지라니! 또, 동네 사우나탕에 풍경은 어떤가. 3040 젊은 엄마들은 혼자 와서 자유롭게 사우나탕을 휘 젓고 다니는데 5060시대의 샌드위치 젊은 할망들은 손자를 양쪽에 끼고 와서 아무 댓가도 지불되지 않는 때밀이 여사로 전락하고 만다. 어디 그 뿐인가? 촐랑거리며 뛰어다니는 손자를 붙잡으려다가 자기가 넘어져서 목욕탕 모서리에 턱뼈를 우지끈 박았는데 너무 아파서 울고 있는 5060시대의 슬픈 단 모습을 보면서 나도 울고 싶어진다.

아! 불쌍한 5060시대의 샌드위치 인생은 무엇으로 보상 받을 수 있단 말인가. 사회에서는 밀려나고 보호 받기에는 너무 젊은 쌍방향 거절체 슬픈 삐에로 인생. 그러나 이제, 자식과 손자의 매임에서 벗어나 홀로서기로 다리에 힘을 주고 다시 서 보면 어떨까? 코앞에 다가온 제2의 인생에 희망을 걸어보자. 젊어서 못 다한 꿈 가슴 속에서 꺼내어 거기 새 빛을 쪼여서 새싹을 틔어 보자. 떠오르는 태양 보다 빠알간 노을을 만들며 지는 해가 더 아름다울 수 있으니까. 5060시대여! 비둘기의 날개로 황홀한 노을 속으로 날아오르자. 거기에서 노후의 마지막 정열을 불태워 보자꾸나.

새벽 바닷가에서

새벽 찬바람을 가르며 해안도로를 따라 새벽 기도회를 갔다. 태풍과 장마와 무더위가 유난히도 극성을 부렸던 올여름 내내 온몸의 신경을 최대한 마디마디 늘어뜨리고, 가능한 멍청한 휴식을 취했던 것 같다. 너무나 고달프고 힘들었던 지난 여정의 시간들을 보상이라도 받고 싶었던 것이었을까? 아무튼 난, 지금 그 이상한 휴식의 여름을 보내고 나서, 이 새벽에 새롭고 신비한 시간 속으로 도전하듯 뛰어들고 있다. 준비되어 있는 내 인생의 시간들은 항상 가슴 설레이도록 신비하고 새로운 떨림으로 나에게 다가온다. 해안도로 휴식 터에 차를 세우고 멀리 마라도, 가파도를 바라보며, 레나마리아의 amazing grace를 목청껏 노래하고 싶다. 신의 놀라운 은총과 축복으로 남아있는 나의 시간들을 쓰고 싶다. 고요한 새벽바다의 평화처럼 나의 시간들이 그렇게 평화롭기를 바란다. 아침잠을 깬 갈매기가 바다 위에서 체조를 하고, 이상한 복장의 땀복을 입고 이웃 마을에 사는 육지여자가 로버트처럼 걷기 운동을 하고 지나간다. 그 뒤로 자전거를 탄 별장 할아버지가 강아지와 함께 아침 산책을 한다. 오늘 아침 풍경이 환상속의 그림처럼 아름답다. 물안개를 바라보며 볼에 터치되는 행복을 긴 탄식으로 흡입 한다.

아! 끝없이 펼쳐지는 수평선을 바라보면서, 마치 우주를 다 얻은 것만큼, 꺼이꺼이 기뻐하면서 나의 행복을 누가 훔쳐가기라도 할 것처럼 뼛속 깊이 후벼 넣느라고 용을 쓴다. 하늘엔 핏기 잃은 하얀 쪽달이 아직도 바다의 눈치를 살피며 외롭게 떠 있는데……!

글쎄?, 심오한 철학이 깃들어 있을 법도 한 복잡 미묘한 나의 인생관은 다 어디로 가고, 보시다시피 나는 이렇게 나사 풀린 인형처럼, 이 새벽 바닷가에서 이렇게 킬킬거리며 바보처럼 행복해 하고 있을까? 내가 열망하는 자유, 욕망, 그리고 끈질기게 나의 영혼을 점령하고 있는 내가 살아야 하는 이유? 난, 무엇을 위하여 살고 그것을 위하여 죽을 수 있는가? 이 영혼의 외침을 가슴에 불씨처럼 묻어 놓고서, 나는 정말 너무나 애처럽게 행복하고 싶어서 몸부림을 치고 있구나. 내가 살아 있는 동안 해야 할 인생의 숙제들을 가슴에 묻고서…… 그러나, 이렇게 살다가 기운이 다하여서 끝까지 풀지 못할 인생의 숙제들을 안고, 나의 욕망과 함께 새벽바다에 퐁당 빠뜨려 버려도 좋

아. 난, 지금 이 새벽의 평화가 좋으니까. 그리고 지혜롭지 못하게 살아왔던 나의 과거 까지도 모두 용서하고 너그럽게 포용해 줄 내 영혼의 바다가 있으니까, 거기 그 중심에 내가 사랑하는 나의 신이 내 심장의 폿대처럼 나를 지키고 있으니까.

새벽의 평화가 작은 미소로 온 바다를 덮는다. 살아 숨 쉬는 소망으로 바다를 가득 채운다. 난, 가슴 설레이는 신비한 나의 시간 속으로 뛰어들기 위해 이제 떠오르는 태양을 보며 나의 신을 찾아 새벽 기도회를 간다.

행복 일기

장마가 지루하게 이어지더니 이제 끝나는가? 우리 집 앞 바다에 안개가 자욱하게 내려 앉아 바다 위에 떠 있는 구름을 보며, 내가 하늘에 둥실 떠 있는 것 같다고 생각하였다. 어저께와 그저께는 달밤에 파도가 하얗게 부서지며 황금색 야경을 분출하고 있었다. 하늘을 보니 황금색 보름달이 구름 사이에서 수줍은 색시처럼 고개를 살짝 내밀고 있다. 내가 언제 저 달을 사랑하였던가. 아니다. 저것보다는 우람한 달이었던 것 같다. 그러나, 그 날 밤 나는 비밀스럽게 너를 가슴에 안고 싶었지. 또 하나의 가슴 아리는 그리움을 남길지라도. 수줍게 떨고 있는 너를 품에 안고, 그토록 아름다운 황금바다를 볼 수만 있다면 나는 좋아.

그렇게 장마는 지나갔다. 친정 7남매 중에서 내가 가장 사랑하는 여동생 가족이 우리 집 3층으로 피서를 왔다. 장마 때 풀이 잔뜩 자란 푹신한 잔디를 깔고 앉아 삼겹살을 구워 먹으며 우리는 행복했다. 여동생 내외의 모습에서 고단한 세월의 잔해들을 읽으며 가슴 한구석 짜릿한 아픔이 밀려온다. 산들거리는 바닷바람을 보약으로 마시며 고향에서의 옛 추억들을 이야기 해 본다. 그래도 빈 가슴은 다 채워지지 않는다. 세월의 아픔 때문인가? 우리 모두 참 열심히 살았는데, 이제 이 평화 속에 남아 있는 아픈 찌꺼기들을 걸러내고 싶다.

도서관에서 행복한 글쓰기 교실을 열어 우리에게 문학을 통한 행복감을 충전시켜 주었다. 참석한 수강자 모두 습작에 열심을 다 했다. 종강 하는 날 회식을 같이 하면서 우리는 또 어린이처럼 즐거워했다. 우리의 삶 속에 문학의 의미를 찾을 수 있는 행복한 글쓰기 시간이었다.

생전 해보지 못한 고전무용을 배우러 다니느라고 무진 애를 쓰다가 포기해 버리고 말았다. 글쎄, 그건 체질이 아닌가 봐. 포기했던 골프를 다시 시작해 볼까? 아니야, 그건 시간을 너무 많이 소모 시켜서 안 되지.

때마침, 친목 동우회에서 제주도 일주를 하기로 하여 합류하기로 했다. 내일이 가는 날이라 분주하게 갈 준비를 다 해 놓고 대기를 하고 있는데, 갑자기 고객이 전화가 왔다. 회원들에게 미안 하지만 못 간다고 통보를 해놓고 고객과 바쁜 일정을 맞추느라고 바짝 긴장을 했다. 얼굴에 맛사지 팩을 하고 내

일 입을 옷도 배색을 맞춰 준비를 해 놓았다. 일은 내가 살아 있음을 실감케 한다. 적당한 긴장과 자신감이 흐드러진 공간에 에너지를 몰고 온다. 모처럼 긴장을 해서인지 밤늦도록 잠을 이루지 못해 잔디밭에 나와 바다를 향하여 심호흡을 하고 숨쉬기 운동을 하였다. 숨을 들이쉬고 내쉬고, 고요히, 평화롭게, 나는 행복해. 나는 행복해. 바다와 열애를 하여 만삭이 된 황금달이 구름 사이를 빠르게 질주하며, 바다 위에 무수한 황금을 뿌리고 있다. 그 사이로 나의 찬란한 미래를 꿈꾼다. 그토록 화려한 밤엔 내게 어울리지 않는 화려한 노후의 사치를 꿈꿔도 좋아.

이게 행복일거야.

홍도에서 생긴 일

해외여행을 할 계획을 변경하여 우리 7명의 일행이 홍도, 흑산도 방향으로 여행일정을 변경한 것은 여러모로 잘 한 일이었다. 이유야 어찌됐든 우리는 함께 2박 3일을 웃고 떠들 수 있어서 상기된 얼굴로 여객 터미널에 집결을 하고 보니, 옷이나 가방들이 가지각색으로 독특한 개성을 나타내고 있었다. 나는 낯선 환경에 적응력이 부족해서 여행 가기를 꽤 겁먹어 하는 소심한 사람이다. 그래서인지, 막상 나가고 보니 내가 제일 촌스러운 복장이 아닌가? 집에 좋은 옷은 다 놔두고 이게 무슨 꼴이람. 선글라스며, 복장이며, 모자, 가방 까지도 모두 간편하고 멋스러운 모습들인데, 여행을 자주 안 해본 몰 센스 티가 완연하지 않은가. “복장에 좀 신경을 쓸 걸” 하면서도 이왕 내친걸음이니 일행들과 섞여서 웃고 떠들다 보니까 목포항에 도착 했다.

홍도로 향한 쾌속선은 파도가 센 날이라 스키 타는 기분으로 처음엔 “와, 와!”하면서 배에 탄 사람들이 환호성을 지르는 바람에 스릴 만점이었는데, 갑자기 조용해지기 시작 하면서 여기저기에서 “왝, 왝” 소리로 바뀌더니 30분 정도 지난 후엔 온통 아수라장이 되어 버리고 말았다. 나는 절대로 멀미를 안 하는 체질 때문에 고통스럽게 멀미를 해대는 사람들 틈바구니에서 내가 더 비정상인 것 같았다. 홍도에 다 도착할 때쯤에는 온통 아수라장이 되어 버렸다. 우리 일행들도 배에서 내리는 얼굴색이 전부 창백해서, “다시는 홍도의 홍자도 꺼내지 말자.” 하면서 기진맥진 해 버렸다. 그러나 홍도의 바닷가 횟집에서 저녁을 먹고 숙소로 돌아와서, “아이고, 이제는 살 것 같다.” 하고 다들 지쳐서 서로 껴안고 잠을 푸욱 자고 난 후, 아침에 일대의 대사건이 터지고야 말았다.

우리 일행 중의 제일 멋쟁이 애자가 아침밥을 냠냠냠 맛있게 먹더니, 갑자기 얼굴이 창백해지면서 이마에 땀방울이 송골송골 맺히기 시작하더니, “내가 왜 이러지?” 하면서 픽 쓰러지는 것이 아닌가. 우리는 밥 먹다 말고 “재가 왜 저러니?” 하면서 식사를 중단하고 우왕좌왕 비상약을 꺼내서 먹이고, 우리 일행이 아닌 다른 일행들도 놀라서 합산을 하여 소동이 났다. 누군가, 급체를 한 것 같다는 소리에 수십 명이나 덤벼들어서 핀으로 손가락을 온통 다 쑤셔대도 애자는 숨이 금방 넘어 갈 것만 같았다. “큰일 났네 이 조그만 섬에 병원도 없고 119를 부를 수도 없고, 헬리콥

터를 불러야 해! 아니야, 헬리콥터가 오는 사이에 애자 죽겠네" "아! 난 몰라, 난 몰라. 애자 죽네." 우리는 급해서 울지도 못하고 발만 동동 굴렀다. 그러자, 다른 일행 중 한 여자가 "전부 다 이리 나오세요." 하고 우리를 밀치고 들어오더니 애자를 과감하게 탁 엎어 놓고 등짝을 힘껏 몇 번 누르는 것이었다. 옆에서 지켜보니 애자가 숨을 쉬며 혈색이 돌아오는 게 아닌가! 이제 살았나 보다. 때마침, 누군가 신고를 하였는지 경찰이 와서 애자를 섬에 있는 보건소로 데려 갔다. "휴!" 일단 한숨을 돌리고, 일행 중 몇 사람은 애자를 부축하여 보건소엘 갔고, 우리는 가방을 지키기 위해서 커피 한잔씩을 마시면서, 홍도 관광은커녕, 오늘 일정대로 홍도를 떠나기는 다 틀렸구나. 하고 있는데, 보건소에 갔던 일행들이 애자를 앞세우고 살아서 돌아온 것이었다. "유람선 탈시간 늦겠다. 빨리 가자" 애자의 재촉하는 소리에 어이가 없어서 우리는 서로 얼굴만 쳐다보았다.

홍도는 정말 아름다웠다. 홍도 일주 유람선에서 찰떡 같이 말을 잘하는 가이드가 우리를 보너스로 즐겁게 해 주었다. 죽다가 살아난 애자는 살아나서 반갑다면서 전복을 샀다. 환상의 기암괴석들을 구경하며, 촛대 바위 앞에서 일행들이 함께 사진을 찍었는데, 촌스러운 내 복장 때문에 마음에 들지 않아서 포옴 잡고 독사진을 하나 더 찍었다. “아! 너무 멋지다. 아, 아!” 연신 탄성을 지르며, “홍도 다시 오자. 다시 올 때는 애자 빼고 오자.” 애자가 안보여서 찾아보니 배 저 끝에서 독립문 바위를 배경 삼아 혼자 독사진 찍느라고 열심히 폼 잡고 있다. “말썽꾸러기 애자야, 그래도 네가 빠지면 재미없다.”

홍도야, 울지 마라. 오빠가 있다. 홍도를 뒤로 하고 떠나는 뱃길은 너무나 잔잔하여서 우리는 노래를 부르면서 왔다. 애자가 내 옆에 슬그머니 다가오더니 비밀이야기 하듯 소근 거린다. “언니, 아까 놀랬지?” 우린 서로 얼굴을 마주보며, 통쾌함을 참지 못하고 바다를 향해서 큰 소리로 웃어 제꼈다. “하하하, 하하하하.”

서귀포에서

서귀포에 온 지 6년이 흘렀다. 4-5년 동안은 먹고사는 일에 뛰어다니느라 정신없이 바빴고 최근 1년은 머릿속을 텅 비워 놓은 채로 아무것도 하지 않으며 쉬멍, 놀멍 시간을 먹어버리고 말았다. 이렇게 한가한 시간에 글을 써 보려고 몇 번 시도해 보다가 포기해 버렸다. 글쎄, 쓰고 기록한다는 섯이 우리 인생에 무슨 의미가 있을까? 내 인생의 변화, 생각의 변화, 이 모든 것이 흘러가는 바람처럼 잡을 수 없는 것들인데, 나중에 세월이 흐른 다음 내 영혼이 이생을 등지고 다음 생으로 넘어간 후에 남아있는 생명들에게 무슨 도움이 될 수 있을까?

나이 칠십을 바라보고 있으니 별 생각을 다 해 보지만 무언가 존재의 의미를 부여하려고 하는 내 자신에 대한 배려라고 해야 될까. 사실, 글을 쓴다는 것에 대해서 좀 많은 생각들을 해본 것 같다. 글을 쓰는 직업을 작가라고 하던가? 이들에게서 느꼈던 현실적인 실망감도 한몫한 것 같다.

서귀포에서 신시가지 언덕배기 높은 동산에 우리 집

을 지었다. 우리 집에서 내려다보이는 범 섬과 월드컵 경기장, 강정해군기지 앞바다가 환하게 펼쳐져 있고, 무엇보다도 우리 부부가 쓰기 편리하도록 설계를 해서 아주 흡족하다. 남편과 나는 이 집에서 남은 여생을 보내기로 했다. 서귀포에는 산책을 즐기는 공원이 많으며, 문학이 있고 예술의 정서가 흐르는 도시다. 나는 제주 섬 남쪽에 있는 이 도시를 사랑한다. 사람들은 온순하고 따뜻하며 대체적으로 착한 근성을 지니고 있다. 우리 집 옆에 강창학 공원이 있는데 산책하기에 최상의 코스다. 남편과 나는 가끔 이곳을 산책하며 흘러간 거친 세월의 추억을 이야기하곤 한다.

어제는 강창학 공원에 있는 파크골프장에 다녀왔다. 이제 무릎 관절이 좋지 않아 필드 골프 대신 파크골프를 해 보기로 했다. 처음인데도 쉽고 적당한 운동이 되어서 가볍게 놀다가 오니 기분 상쾌하고 너무 좋다. 이곳, 서귀포는 나를 위해 준비해 놓은 화려한 보금자리이며 내 평생에 흠모하는 천국무대이다. 나의 노후를 위해 이렇게 아름다운 곳에 평화와 안식을 누릴 수 있는 처소가 준비되어 있었다니 감사하고 또 감사하다.

내가 살아온 나의 과거 세월들을 여유롭게 돌아보며 스스로 내 어깨를 두드려 주며, 내 스스로를 위로

하며 ,하나님께 감사하며, 매일 매일 넉넉한 감동을 담아 이웃에게 나누어 주는 이 시간들이 정말로 진솔한 행복으로 나의 삶을 더욱 풍요롭게 한다.

오늘은 서귀포 맛집을 찾아서 외식을 해 볼까 하다가, 남편이 나가기 싫어하여 성게 미역국을 끓여 보려고 한다. 남편이 봄에 바다에 가서 직접 따온 미역과 톳과 보말은 우리 집 일 년 먹거리로 저장해 두고 먹는다. 이것은 제주에서만 맛볼 수 있는 생활의 보배이기도 하다.

오늘도 3층 서재에서 내려다보이는 범섬은 든든하고 넉넉하게 나의 행복을 지켜주고 있다.

■□ 짧게 쓴 서평

자아발견의 주체성과 거룩한 질서의 회복을 향해가는 시인

이어산(시인, 문학평론가)

시와 수필을 함께 싣는 시, 수필집의 해설은 처음 써보는 일이기에 잠깐의 망설임도 있었지만 장경업 시인의 글을 읽으면서 때로는 안타깝고 때로는 잔잔한 감동을 받았다. 한편으로는 미소를 머금게 하며 동시대의 오솔길을 되짚어온 것 같은 호사를 누린 시간이었다.

그의 글에는 메마른 현대를 살아가면서 실존적 생에 대한 관심과 가족에 대한 사랑과 정서가 짙게 배어 있으며 제주생활의 고통과 절망, 슬픔과 아픔의 척박한 환경을 이기고 살아온 삶의 보고서였다. 그가 살아온 여정은 결국 인간의 방법과 하늘의 방법 사이의 간극을 알아가는 노력으로 승화되었고 뜨거운 사랑과 인내로써 구원에 이르는 염원과 갈망을 노래하는데 이르고 있다.

우리는 지상의 척도에 묶여서 자신에게 주어진 운명의 질곡을 극복하려고 몸부림치지만 그럴수록 바닷물을 마신 것처럼 영혼의 갈증과 삶의 애환은 깊어간다. 장경업 시인은 우리가 종종 겪으면서도 깨닫지 못하는 진리를 자신만의 방법으로 가까이 다가가는데 인간과 자연, 인간과 하나님과의 화해를 통해 거룩한 질서의 회복을 위하여 은총에 감사하며 경건함으로 시와 수필로 천착해가는 과정을 이 책에 담고 있다.

장경업 시인의 모습을 대하면 고생을 모르고 살아온 사람처럼 격조가 있다. 그러나 그가 겪어온 환경과 삶의 과정은 초극의 의지가 없으면 극복해 내지 못했을 지난한 여정이었다. 깊이 들여다보면 인간관계의 모순성과 사회의 부조리한 현상, 그리고 고향을 떠나와서 제주사람으로 살아온 지난 사십여 년의 애환이 행간 곳곳에 녹아들어 있다. 더군다나 젊어서부터 소설가를 꿈꿔오며 문학의 끈을 놓지 않았으므로 70세에 이른 지금 이 책을 세상에 내놓는 것이다. 필자는 그의 작품성을 논하기 보다는 대단한 그의 용기와 자기만의 문양을 그려내고 있는 이 책의 무게는 결코 가볍지 않음을 알기에 그의 작품을 분석하거나 평하지 않기로 했다. 이 책에 실린 한 글자 한 글자가 삶의 기록이자 자아발견의 주체성이기 때문이다.

그러나 필자의 소감을 말하자면 이 책은 시와 수필을 통하여 자아의 결함을 복구하며 정서적 균형과 통일성을 완성해 가는 과정에 있음을 알 수 있다. 서정적 자아나 카오스(chaos)적 자아, 역사적 자아(Historical), 논리적 자아(Theoretical I), 실용적 자아(Practical)가 그것이다. 그는 은총의 바다에 배를 띄워 감사의 삶을 살기로 작정을 하고 끊임없는 자기와의 싸움을 하고 있는 듯하다. 또한 그의 문학은 인간의 이상적 구원의 욕구를 충족시키는 가치가 되는 것임이 문면 곳곳에 드러나고 있다. 다음의 시를 한 편 소개하는 것으로 그의 삶 기저에 흐르는 소망을 짐작해 본다.

> 님이시여!
> 나로 하여금 배부른 자가 되지 않게 하소서
> 가슴 한자리 비워두고
> 당신이 주는 샘물을 마시게 하소서
> 귓가에 스치는 여린 바람에
> 힘없이 떨어지는 낙엽을 바라보며
> 슬퍼하게 하소서
> 하늘이 기분 좋은 날엔
> 정열의 노을로 볼연지를 바르고

갈급한 영혼의 목마름으로
당신을 그리워하게 하소서

님이시여!
나로 하여금 시간이 정체된 이곳에 머무르지 않게 하소서
이미 있었던 것들에 매이지 않게 하시고
저 끝없는 고독을 향하여
그토록 새롭게 명상하게 하소서
온갖 사소한 충동과
강제와 욕구로부터 자유롭게 하소서

님이시여!
나로 하여금 소망의 횃불을 끄지 않게 하소서
내 영혼을 칼에서 건지시며
내 생명을 대적의 뜻에 맡기지 마소서
오직 강하고 담대한 사자처럼
두 팔을 활짝 벌리고
삶의 한 복판을 행진하게 하소서

은쟁반에 금 사과를 올림 같이
지혜로 연단한 입술을 열게 하시고
독수리의 날개로 힘차게 오르게 하소서

그리하여 내 영혼의 빛이

하늘에 떠있는 무지개를 바라보게 하소서

–「영시零時의 기도」 전문

장경업 시인은 자신의 삶을 뜨겁게 껴안고 사랑함으로써 지난했던 인간조건을 극복해 나온 입지전적인 인물이다. 살아온 날들이 고단하고 험난한 여정이었음에도 불구하고 담백하고 잔잔한 어조로 공감과 미소를 머금게 하면서도 은은한 감동을 안겨준다. 시인은 언어의 창조자가 아니라 적절한 언어를 찾아서 운용하는 사람이다. 언어는 공간과 시간의 변모와 요구에 부응하면서도 생명력이 있어야 한다. 기층언어와 생활과 밀착된 토착어를 동원하여 개인의 희로애락과 더불어 정서의 주기나 노동과 협력, 사회생활에 있어서도 대인관계에 영향을 준다. 이 시와 수필집은 그가 그려온 그림이지만 남은 인생의 여백 또한 더욱 감동적이고 조감도적인 그림으로 채워갈 것임을 믿는다. 장경업 시인의 시, 수필집 출간에 힘찬 축하의 박수를 보내지 않을 수 없다.